ビジネスで
1番よく使う
英語Eメール

基本から実践まで
実例シーン140

宮野智靖　監修
ミゲル・E・コーティ／近藤千代

Jリサーチ出版

件名:　　はじめに

皆さんの疑問を一気に解消！

- Dearのあと、ビジネスメールは時候のあいさつは必要？
- 仕事相手をファーストネームで呼んでもいい？
- Mr.やMs.はいつまでつけるの？
- 「お世話になっております」って英語でどう書けばいいの？

一度でも英語でEメールを書く状況にあった人は、いやでも自分の英語を書く力のなさにガッカリしたことがありませんか。でも、誰だって最初はそうなのです。書こうと思っても、何も書けない。そんなもどかしさを、本書が解決します。

英語知識がゼロでも大丈夫。

あらゆるシーンを網羅した実例を載せ、困ったときに日本語から検索できる設定になっています。また、見開きページで日本語と英語が左右対称になっているので、使いたい英語表現をすぐに見つけることができます。

基本さえ押さえておけば、だれでもスラスラ書ける！

「英語でEメールを書くのが難しい」と感じる人に共通するのが、次の3つです。

❶ 書き方の基本的なルールやマナーを知らない。
❷ 英語Eメールの一般的な文章構成を知らない。
❸ 実際によく使われる表現を知らない。

「書けない」のではなく、「知らない」ことが多いだけなのです。

本書は、このような「知らない」こと、つまり「知ってさえいれば英語でEメールがスラスラ書ける」ことをすぐに見つけていただけるよう、構想を練り、推敲を重ね、仕上げています。

日本語やテーマから検索できるため、本書を「メール専用のミニ辞典」のように活用していただくのもよいでしょう。「あぁ、英語でEメールを書かなければならない」というストレスから解放され、「書く」というコミュニケーションを大いに楽しめるようになってください。

最後になりましたが、本書を上梓するにあたり、監修の労をお執りいただきました関西外国語大学短大部の宮野智靖教授には衷心より感謝申し上げます。

ミゲル・E・コーティ、近藤千代

目次

| 第1章 | 英語Eメールを書く基本 | 13 |

①英語Eメールの基礎知識 ・・・・・・・ 14
②英語Eメールの書き方・・・・・・・・・ 19

| 第2章 | 英語Eメール実例集 | 31 |

ベーシック編

近況を尋ねる ・・・・・・・・・・ 32
誘う ・・・・・・・・・・・・・・ 44
報告 ・・・・・・・・・・・・・・ 54
お見舞い・お礼 ・・・・・・・・・ 68
謝罪 ・・・・・・・・・・・・・・ 80
助言 ・・・・・・・・・・・・・・ 86
通知 ・・・・・・・・・・・・・・ 96

ビジネス編

売り込み・問い合わせ ・・・・・・・ 112
見積もり ・・・・・・・・・・・・ 124

注文・受注・納品 ・・・・・・・・・ **140**

請求・支払い ・・・・・・・・・・・ **158**

クレーム・謝罪・その他 ・・・・・・ **168**

アポイントメント ・・・・・・・・・ **190**

社内メール ・・・・・・・・・・・・ **206**

出張 ・・・・・・・・・・・・・・・ **230**

会議・イベント ・・・・・・・・・・ **244**

通知・社交 ・・・・・・・・・・・・ **258**

求人・採用 ・・・・・・・・・・・・ **298**

| 第3章 | SNSで使える便利表現 | **313** |

SNSを使う英語学習のメリット ・・・ **314**

SNSの心得 ・・・・・・・・・・・・ **315**

プロフィール・基本情報の書き方 ・・・ **325**

コメントを書き込む ・・・・・・・・ **329**

記事にコメントする ・・・・・・・・ **331**

コメントに応える ・・・・・・・・・ **335**

質問する ・・・・・・・・・・・・・ **337**

反論する ・・・・・・・・・・・・・ **339**

✉ 本書の使い方 ✉
対訳だから"パッと見"ですぐに英語が書ける

STEP1
絶対に覚えておきたいキーフレーズが見出しとして紹介されています。これを参考に、いま自分が書きたいメールの見本を検索できます。

STEP2
とりわけビジネスメールでは件名が重要です。本書で紹介する実例に触れることで伝わりやすい件名の感覚をマスターしましょう。

87 アポを変更する
定型表現

Would it be possible to reschedule our meeting for ～?

件名： **Re: 7月24日の会合**

スミス様

残念ながら、7月24日にしなければならない至急の仕事が入ってしまいました。**会合の日をできれば27日に延期していただけますでしょうか。**午前11時に会うということには変更ございません。**この日でご都合がよいか、**お知らせください。

敬具

サキ・ノムラ

Check! workは簡単な語ですが、とても使い勝手のよい語です。It works for me.「私はそれでいいです」のようにも使います。

204

STEP3

全140ある実例でもっとも頻繁に使われるキーフレーズについて、解説が記載されています。シチュエーションや感情によって微妙に使い方が変わってくるのが、英語Eメールの難しいところです。解説をしっかり頭に入れておきましょう。

ここがポイント まずは、約束していた日時に会えなくなったことを伝えて謝ります。このとき、その理由を述べることも忘れないようにしましょう。代わりの日時を考えている場合は、その日時を提示して、相手の都合を尋ねます。変更を提示する表現には、reschedule the meeting for July 27 / postpone the meeting until July 27などがあります。

Subject: Re: July 24 Meeting

Dear Mr. Smith,

I'm sorry to inform you that I have some urgent business to take care of on July 24. **Would it be possible to reschedule our meeting for a later date, perhaps the 27th?** We can still meet at 11:00 A.M. Please let me know **if this date works for you**.

Sincerely,

Saki Nomura

Vocabulary

- urgent／緊急の
- take care of ～／～を対処する、～を処理する
- reschedule／～の予定を変更する
- work for／(計画などが)うまくいく

205

STEP4

左ページに日本語、右ページに英語があります。左右のレイアウトが完全一致型(対称的)になっているので、書きたい内容の英文がどこにあるか、ひとめで分かります。

STEP5

ひと通り英文を読み学んだ所で、Vocabularyで知らなかった単語やイディオムをチェックしておきましょう。テーマに関連する重要語をまとめて覚えられます。

7

絶対フレーズBEST10

英語Eメールには、頻繁に使用される表現が多数あります。その中でも、特に頻度の高い10の表現をここでは紹介したいと思います。

1. would like to ～
(～したいと思います)

例
I would like to request a copy of your catalogue.
(カタログを一部ご送付していただきたいと思っております)
I would like to place an order for the following items.
(以下の商品を注文させていただきたいと思います)

2. Thank you for ～/Thanks for ～
(～してくれてありがとうございます)

例
Thank you so much for your kind words.
(温かいお言葉をどうもありがとう)
Thanks for the invite.
(誘ってくれてありがとう)

3 I want to ～
(〜したいです)

例
I don't want to spend more than ～.
(〜を超す支払いはしたくないです)
I wanted to ask you for some advice regarding ～.
(〜について、アドバイスが欲しいなと思いました)

4 Would you ～? /Could you ～?
(〜していただけますか、〜してもらえますか)

例
Would you have time on Wednesday the 22nd to talk?
(22日の水曜日に、話し合うお時間はおありでしょうか)
Could you resend the e-mail you sent yesterday?
(昨日お送りいただいたEメールを、再送していただけますか)

I'm sorry 〜
(〜して申し訳ございません)

I am terribly sorry that we sent the wrong items in your order.
(ご注文とは違う商品を送ってしまい、本当に申し訳ございません)
I'm sorry to say but I made a few errors in the schedule for deliveries.
(申し訳ございませんが、配達の予定でいくつかのミスを犯してしまいました)

be able to 〜
(〜することができます)

I wasn't able to open the attached file on my phone.
(私の携帯電話上では、その添付ファイルを開けることができませんでした)
I won't be able to attend.
(出席することができません)

Let me know 〜
(〜を知らせてください)

Let me know if you can make it.
(出席していただけるかどうか、お知らせください)
Let me know which day works best for you.
(どちらの日がご都合がよいかをお知らせください)

I apologize for 〜
(〜をお詫びいたします)

I too apologize for not being able to get in touch.
(私も連絡できなかったことをお詫びします)
I sincerely apologize for the delay in shipping your order.
(ご注文の商品の発送が遅れましたことを深くお詫び申し上げます)

9 I hope 〜
(〜を願っています)

I hope the problem is nothing more serious than that.
(その問題が、それ以上に深刻なものでないことを願います)
I hope everything is well with you.
(全て順調でありますように)

10 as 〜 as possible
(出来る限り〜)

I promise to make the transition as smooth as possible.
(できるだけ円滑に引き継ぎをしますことをお約束いたします)
Could you get that to us as soon as possible?
(出来るだけ早くに、それをお送りいただけますか)

第1章
英語Eメールを書く基本

まずは英語Eメールの書くための基礎知識を学びます。
宛先(TO／CC／BCC)の使い分け、件名の注意点や頻出表現、
添付ファイルの注意点、頭語の使い分け、本文の基本ルールや書き方の
ポイント、結語の使い分け、署名の書き方を身につけましょう！

1 英語Eメールの基礎知識

宛先(Address)

❶ To(宛先)

メールの送信先、つまり受信者のメールアドレスをここに入れます。

❷ CC(carbon copy カーボンコピー)

複数の人に同じメールを送信したい場合に使用します。ここに複数の送信先メールアドレスを入れると一斉に同じメールを送ることができます。

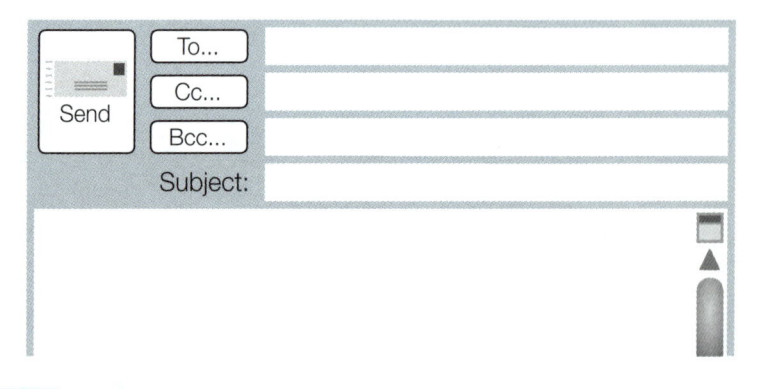

```
Send   To...
       Cc...
       Bcc...
       Subject:
```

> **ポイント** 受信側に全ての送信先メールアドレスが表示される
>
> ☆個人の氏名やメールアドレスを複数の人に教えてしまうことにもなります。
> ☆受信者から「勝手に私のメールアドレスと名前を公開してもらっては迷惑だ」とのお叱りを受ける可能性がある場合は、使用しないようにしましょう。

❸ BCC（blind carbon copy ブラインド・カーボン・コピー）

CCと同様、ここに複数の送信先メールアドレスを入れると、複数の人に同じメールを一斉送信できます。ただ、大きな相違点は、blind（非表示）にしてくれることです。個人情報である氏名やメールアドレスを受信側全員に知られることを避けたい場合は、CCではなく、このBCCを使いましょう。

送信先を全てBCCに入れると、お互いのメールアドレスはもちろん、送信者が誰に送信したのかも分りません。ただ、この場合は、Toに送信者が自分のメールアドレスを入れることを忘れないで下さい。

> **ポイント** **ToやCCで送信先に指定した人々以外に内緒で送りたい人がいる場合も、この機能を使用することができる**
>
> ☆内緒で送りたい送信先のメールアドレスだけをBCCに入れます。
>
> **BCCで受信した人は、「全員に返信」しないように注意**
>
> ☆送信者が内緒でBCCの受信者にメールを送信していたことが、ToやCCで受信した人々にばれてしまい気まずいことになりかねません。

宛先(Address)

❹ 件名(Subject)

件名は**具体的かつ簡潔**に書きましょう。受信者は件名からメール内容を判断します。特に、多忙なビジネスパーソンは、件名からメールを開く優先順位を決めますので、受信側にメールの目的が分かるように書かなければ、なかなか対応してもらえない可能性があります。例えば、何かについて問い合わせをしたい場合は、件名をInquiryとだけ書くのではなく、**"Inquiry about [regarding] late shipment"**のように、問い合わせ内容も具体的に明記しましょう。

> **ポイント**
>
> **Inquiryとだけ書くとスパムメールに間違われる**
>
> ☆Inquiry、Greetings、Important、Urgentとだけ書かれた件名がスパムメールでよく使用されるからです。スパムメールだと勘違いされると、読んでもらう優先順位どころか、コンピューターウイルス感染の危険性もあるので、読まずに消去されるかもしれません。
>
> **Hello! などの感嘆符が付いた件名もスパムメールと間違われる**
>
> ☆感嘆符が付いている件名のメールを自動削除に設定しているビジネスパーソンもいるほどです。ビジネスメールなどでは、感嘆符を件名に使用するのはなるべく避けましょう。
>
> **どうしても件名に「重要」や「至急」を強調したい場合**
>
> ☆[Important] Meeting to Discuss New Products 〔[重要]新製品についての会議〕、Request for an Appointment〈Urgent〉〔予約のお願い〈至急〉〕などと、具体的な件名の前後に付け加えるように書きましょう。
>
> **全大文字は怒鳴っていると勘違いされる**
>
> ☆IMPORTANT(重要)などと件名を全て大文字にする人がいますが、これは怒鳴っていると勘違いされる可能性があります。

件名によく使う表現

- Thank you for 〜 ……………………………………………「〜をありがとうございます」
  ➡ Thank you for everything. ……………………「いろいろとありがとうございます」
  　Thank you for your help. ………………「お力添えいただきありがとうございます」
  　Thank you for your interest. …………「ご関心いただきありがとうございます」
  　Thank you for your inquiry. ……「お問い合わせいただきありがとうございます」
- Our Sincerest Apology ……………………………………「心よりお詫び申し上げます」
- Congratulations on Your Marriage……………………「ご結婚おめでとうございます」
- Our Thoughts Are with You …………………………………「お見舞い申し上げます」
- Get Well Soon ………………………………………………「早く元気になりますように」
- Invitation to Dinner …………………………………………「ディナーへのご招待」
- Asking for a Favor ……………………………………………………………「お願い」
- Address Change Notification …………………………………「住所変更のお知らせ」
- Your Order Confirmation ……………………………………………「ご注文の確認」
- Order Change Request………………………………………「注文商品変更のお願い」
- Shipment Notification(Order #1234) ……「商品発送のお知らせ(注文番号1234)」
- Price Change Notification……………………………………「価格変更のお知らせ」
- Apology for the Delay in Payment …………………………「支払い遅延へのお詫び」
- Payment Confirmation ………………………………………………「お支払いの確認」
- Inquiry about Your Service……………………………「サービスに関する問い合わせ」
- Request for Information ……………………………………………………「情報請求」
- My Business Trip to London …………………………………………「ロンドン出張」
- Your Letter of June 7 ………………………………………「6月7日のお手紙に関しまして」
- Cancellation of Tokyo Meeting………………………「東京での会議のキャンセル」

宛先（Address）

❺ 添付ファイル（Attachment）

送信したい電子ファイルを選ぶと、ファイル名がここに表示されます。

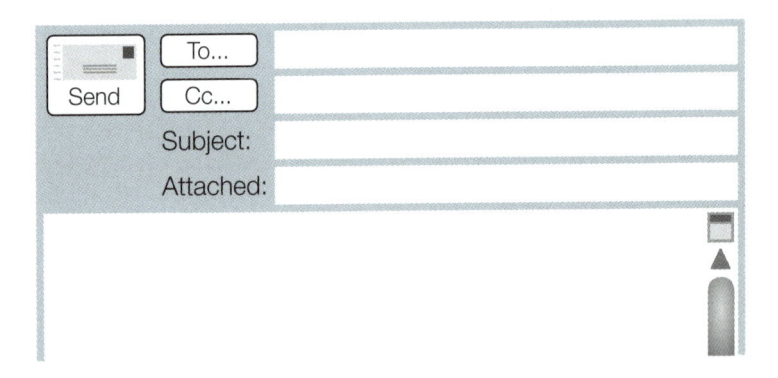

> **ポイント** 添付ファイル名は必ず半角英数字で書く
>
> ☆アルファベットで書けば大丈夫だというわけではありません。全角で書くと、文字化けしてしまいます。特殊記号や絵文字もです。

2 英語Eメールの書き方

1. 頭語 (Salutations)

❶ はじめての場合、改まった間柄の場合

初めてメールを送る相手には、
Dear Mr. Johnson (男性の場合)
Dear Ms. Johnson (女性の場合)
などと書きましょう。基本形は、
「Dear＋Mr./Ms.などの敬称＋ファミリーネームだけ」
です。

相手の氏名が分からない場合は、Dear Sir or Madam (性別も不明の場合), Dear Sir (男性の場合), Dear Madam (女性の場合)、もしくはTo Whom It May Concern (「関係者各位」という意味)と書きましょう。

その他、ビジネスなどで、個人宛てではなく複数の人々へ送るメールの呼びかけとして次のようなものがあります。

例 Dear Colleagues,「同僚のみなさん」
Dear Customers,「顧客の皆様」
Dear Concerned Parties,「関係者の皆様」

1. 頭語 (Salutations)

❷ 親しい間柄の場合

親しい人、または、既にメールを何度かやりとりした人には「Dear＋ファーストネーム」で呼びかけましょう。（ 例 Dear Andy,「アンディさん」）
さらに、友人や親しい同僚などへのメールはDearも省いてしまい、Hi Jane,（「こんにちは、ジェーン」）というように書きます。

日本人の感覚で、ファーストネームで呼びかけることが失礼のように感じられ、躊躇してしまうかもしれませんが、いつまでも敬称を付けたファミリーネームを使っていると、相手と距離を置きたがっているような思わぬ誤解を招いたり、冷たい印象を与えたりする可能性があります。相手がファーストネームで呼びかけてきたら、こちらもファーストネームで答えましょう。ただ、相手がどうもファーストネームで呼ばれたくないようであれば、その場合は相手に合わせる必要があります。

ポイント 「Dear Mr./Ms.」の後にファーストネームを続けるのは間違い

☆例えば、Shaun Forsterさんであれば、Dear Mr. Shaunとは書きません。Mr.を付けるなら、Dear Mr. Forsterにします。

性別が分からないときはフルネームで

☆Chris Brownさんのような名前だと、性別の判断が難しいです。このような場合は、Dear Chris Brownというように、Dearの後にフルネームを書きましょう。この書き方は一般的ではないのですが、ビジネスなどで相手の性別を間違えることをどうしても避けたい場合は、Mr./Ms.との表記を避ける方が無難です。

Mr./Ms.という敬称の代わりに、Dr.(博士)を好む人もいる

未婚・既婚を問わず、女性はMs.が無難？

☆これは個人的な意見が分かれるところです。相手がMrs. BrownなどとMrs.を表記したメールを送ってきた場合は、こちらもMrs.を使用するというように相手に合わせましょう。

担当者の名前が分からない時は、To Whom It May Concern(関係者各位)

☆日本語の感覚から毎回のメールでこれを使用したくなりますが、担当者の名前が分かった後は、その担当者の名前を書く方が自然です。

2. 本文（Body）

2. 本文（Body）

ルール❶　左揃えで書く

メールの文章は、1文字インデント（段落の頭を1文字あける）をせず、左詰で書いていきます。段落をかえたいときは、段落と段落の間を1行あけてください。

ルール❷　1行は読みやすい字数で

メールを横長に書いてくる人もいますが、これでは受信者が読みにくいです。個人の好みなどもあるでしょうが、基本的には1行12〜20 wordsがよいでしょう。

ルール❸　【書き出し】【主文】【結び】の3部でスキッと締める

英語Eメールは、基本の三部構成で書きましょう。
  （1）書き出し：何についてのメールであるかを述べる
  （2）主文　　　：内容の詳細を述べる
  （3）結び　　　：伝えたことを確かめる一文、及び、結びの一文*を述べる

> *　例　I look forward to hearing from you.
> 　　　「ご連絡をお待ちしています」
> 　　　Thank you in advance.「よろしくお願いいたします」
> 　　　I greatly appreciate your help.
> 　　　「ご助力いただき誠に有難うございます」

ルール❹　内容はできるだけ簡潔に書く

英語Eメール(特にビジネスメール)は、迅速な連絡手段として使用されるものです。従って、メールの受信者が読み返すことなく、明確に内容を理解できることが重要です。そのためには、曖昧であることを避けなければいけません。これも日本語からの発想に起因するところが大きいですが、婉曲的な表現、漠然とした表現はやめましょう。特に、Yes/Noの返答を求められている場合は、相手にはっきりと伝わるように書かないと誤解が生じることがあります。ただ、断るときは、その理由や状況を丁寧に説明するという相手への配慮は忘れないように注意しなければなりません。

ルール❺　視覚的に読みやすく

メールは受信者側を主として考え書くことが重要ですので、読みやすいメールを心がけてください。視覚的に読みやすくするには、つぎのようなポイントがあります。

- 文字サイズは10〜12 pt.にする。
- 文字フォントは、「Arial」「Century」「Times New Roman」にする。
- 1段落をあまり長くしない。
- 1通のメールの段落数は、3段落ぐらいでおさめる。

そして、上記のような箇条書きを使いましょう！

本文（Body）

ルール❻ 大文字・小文字を使い分ける

強調したい語を大文字で書く人、また、文章全体を大文字で書く人がいますが、これは受信者に良い印象を与えません。前述したように、これは激しい感情の表現のように目に映り、怒鳴っているかのように思われる可能性が高いです。メールは、その人の声のトーンが分からず、筆跡も分からない電子的文字の羅列なので、冷たい印象を与え、誤解を招くこともしばしばです。常に、受信者側に立って考え、誤解が生じないように気をつけましょう。また、メールを全て小文字で書いてくる人もいますが、これも印象が良くありません。第一に読み難いですし、文頭を大文字にするのが面倒だったと思われ、怠惰な印象を与えます。特に、ビジネスメールでは、このようなメールを書かないように注意してください。

ルール❼ 文字化けに気をつける

添付ファイルの項目でも書きましたが、日本語フォント（全角英数字）で書いた英文は文字化けします。つまり、アルファベットで書いているから大丈夫ではなくて、入力モードを半角英数字に設定して、英文を書かなければなりません。日本語フォント（全角英数字）で書かれたものはアルファベットだけでなく全て（つまり、数字、記号、絵文字なども）文字化けしてしまうので、受信者には怪文メールが送られてしまいます！

ルール❽ 「I」と「We」の使い分け

ビジネスメールなどは、「I」にするべきか「We」を用いるべきなのか、迷うことがあるかもしれませんが、基本的には、「We」を使います。というのも、ビジネスメールは、会社の一員もしくは代表としてメールを送るからです。また、「We」を使用した方が、メール文章はフォーマルな印象になります。ただ、「I」を使うのが間違いだというわけではありません。ビジネスメールでも、会社の意見を代表して伝えるのではなく、自分個人の意見を述べるときなどは、主語は「I」になります。ただし、「I」を用いると、メール文章がインフォーマルな印象になりますので、使用の際は熟慮しましょう。

ルール❾ 日本的な儀礼は要らない

日本語のメールでは、「いつもお世話になっております」などの挨拶や、または、季節のご挨拶から書き出す人がいますが、このような日本的な挨拶文は英語のメールには要りません。ましてや、これらの日本語文を英語に直訳などすると、受信者側は、何のメールか訳が分からず、困惑するかもしれません。「日本的な儀礼は要らない」と覚えておきましょう。

ただ、誤解してはいけないのは、「日本的な儀礼」は要らなくても、ネチケット(netiquett:「ネットを使用する際のエチケット」)は守らなければなりません。ネチケットには、次のようなものがあります。

- 丁寧な表現を使う
- 相手をせめるような文章を書かない
- 表現はネガティブなものを用いない
- メールを送信する前には、必ずスペルチェックをする
- 返事は直ぐに送る

本文（Body）

ルール❿　丁寧度レベルを把握しておく

「日本的な儀礼は要らない」や「Yes/Noは、はっきりと伝える」などの真意を誤解して、失礼かつ稚拙な英文を書かないように気をつけましょう。先ほど述べたように、日本的な視点からの儀礼や丁寧な表現は避けるべきですが、世界共通として、エチケットは必要ですので、表現もその状況に応じて使い分けて下さい。例えば、下に挙げる表現などは、下に行くほど丁寧度は低くなります。

丁寧度　高 → 低

- Would it be possible to 〜?
- Would you mind 〜?
- May I 〜?
- Would it be okay to 〜?
- Could I 〜?
- Can I 〜?
- Please 〜

> **ポイント** Please 〜は、それほど丁寧な表現ではない

☆丁寧な表現というとPleaseを思い浮かべる人は少なくないでしょう。しかし左にも挙げているように、Pleaseは丁寧度から言うと低いです。親が子供に、「人にものを頼むときはPleaseくらい付けなさい」と躾けることがありますが、その程度の丁寧さと捉えておいてください。

Please!は怒っている時に皮肉をこめて使われることがある

☆「よろしくお願いします!」の意味で書いたPlease!が、相手にPlease!「いい加減にちゃんとやれよ!」のように誤解されるかもしれません。これが、大文字のPLEASE!であったら、なおさらです。Eメールの誤解は恐ろしいので気をつけましょう。

May I 〜?とCan I 〜?の丁寧さはどっちが上?

☆日本語訳では曖昧であることが多いのですが、May I 〜?の方が丁寧な表現です。ある映画で、生徒が教師に"Can I go to the bathroom?"と言ったのに対し、"May I 〜?"を使うべきだろうと教師が怒る場面がありました。この教師の怒りは、May(許可)ではなくCan(可能)を使ったという、意味の違いから生じるものです。このように、相手側に決定を委ね、かつ強制力が弱い表現ほど、より丁寧な表現となります。

3. 結語(Complementary Close)

3. 結語(Complementary Close)

結語は基本的に頭語(Salutation)に合わせます。

● フォーマルなメールの場合
はじめての相手や改まった間柄の人にメールを送る場合は、頭語(Salutation)に合わせて結語(Complementary Close)もフォーマルなものを使います。

頭語(Salutations)

Dear Mr. Brown,
Dear Sir or Madam,
To Whom It May Concern,
　　　　　　　　　　など

結語(Complimentary Close)

Sincerely yours, (米)
Yours sincerely, (英)
Respectfully yours,
Very truly yours,
　　　　　　　　など

> 注 Sincerely yours, やYours sincerely, は、フォーマルな英文レターの結語としては定番ですが、メールでは少し古風で堅苦しく感じられるということから、あまり使わない人もいます。

● 親しい人へのメールの場合
親しい間柄のメール、つまり、敬称(Mr./Ms.など)を付けず、ファーストネームで呼びかけているメールは、次のような表現を使いましょう。

頭語(Salutations) → カジュアル → **結語(Complimentary Close)**

Dear Andy,
など

All the best,
By for now,
Best regards,
Thank you,
Regards,
Best,
Thanks, など

頭語(Salutations) → もっとカジュアル → **結語(Complimentary Close)**

Hi Shaun,
Hey Shaun,
など

Take care,
See you,
Love,
Talk to you soon,
Later,
Cheers, など

> 注 たとえファーストネームで呼び合っていても、上司や目上の人にThanks, というのは使わない方がよいでしょう。

4. 署名（Signature）

ビジネスメールなどでは、最後に署名を書きます。書き方は、以下の例を参考にしてください。

[氏名]	Hana Kondo (Ms.)
[役職名]	Section Manager
[部署名]	Overseas Department
[会社名／組織名]	Flora Global, Inc.
[住所]	8-9-10 Nanohanabashi, Katsushika-ku, Tokyo, Japan 187-6543
[電話・Fax番号]	Tel/Fax: +81-(0)3-3456-7890
[メールアドレス]	E-mail: hanakana@floraglobal.com

ポイント **性別を明確にしたい場合は、氏名の後に(Ms.)などと入れる**

☆このとき、Ms. Hana Kondoとはしない。

住所は、小さいエリアから順に書いていく

☆つまり、日本語表記の時と順番が逆になる。

海外に送るメールには、電話番号の前に日本の国番号である81を書き加えておくほうがよい

☆また、海外からだと、市外局番03の0を省かなければいけないので、この0を書かない、もしくは例のように、かっこに入れるようにする。

第2章

英語Eメール実例集

ここでは実際の場面を想定した英語Eメールの実例表現を学んでいきます。ベーシック編では7のカテゴリー、ビジネス編では11のカテゴリーに分け、全部で140のシーンを通して、英語Eメールの実例表現を紹介しています。

1 最近いかがですか

定型表現

How are things?

件名： お元気ですか。

こんにちは、リサ

しばらく、お話していないですね。**お元気ですか。この前お話をしたのは**、私の会社の近くにあるコーヒー店で偶然に会ったときですね。その後に連絡をまったく取れなかった**ことをお詫びします**。私のスケジュールは信じられないほど大忙しの状態だったのです。

全て順調でありますように。また、**近況**をお知らせください。

お元気で

マリ

> **ここ が ポイント** 「お久しぶりです。お元気ですか」で始まる定番メールです。例文のIt's been a while since 〜 のsince以下を省略して、It's been a while.「お久しぶり」とも言います。また、How are things?「調子はどうですか」も、How are you? / How are you doing? / How's it going? / How's life?などと置き換えることができます。

Subject: **How are you?**

Hey Lisa,

It's been a while since we've talked. **How are things?** I think **the last time we spoke was** when I ran into you at the coffee shop near my office. **I apologize that** I never got to follow up after that. My schedule has been hectic like you wouldn't believe.

I hope everything is well with you. Please let me know **what you've been up to lately**.

Best,

Mari

Vocabulary

- run into 〜／〜に偶然出会う
- apologize／謝る、弁解する
- get to 〜／〜できる
- follow up／改めて連絡を取る
- hectic／たいへん忙しい、大忙しの
- lately／近ごろ、このごろ

2 自分の近況を伝える

定型表現
I just started working for 〜

件名： **Re: お元気ですか。**

マリ！

メールをくれて本当にありがとう！ ほんと、毎日の生活ってこんなにも忙しくなり得るんだね。

私は、コート販売会社であるBlake'sのマーケティング部で働き始めました。印刷広告やオンライン広告の写真のディスプレイ考案を担当しています。本当に楽しい仕事で、卒業して以来ずっと希望してきた道への一歩となります。やっと運が向いてきたようです。この前に会ったとき、面接にはもう行ってきていたのですが、返事はまだもらっていなかったので、その話には触れなかったと思います。

近いうちにまた会いましょう。新しい仕事のことを全てお話しします！

リサ

> **ここが ポイント** So good of you to write me!は、It is so good of you to write me!の"It is"を省いた一文であり、Thank you for writing to me!と同じような意味になります。返信メールでは、このようなお礼文から始めましょう。最終行にあるget togetherは、「集まる、会う」の意味で、このような結びの一文でよく使われます。

Subject: Re: How are you?

Mari!

So good of you to write me! Believe me, **I understand how hectic life can get**.

I just started working for Blake's, the coat company, in their marketing department. **I'm in charge of** coming up with displays for the photo shoots for their print and online ads. It's really exciting and a step in the direction I had been hoping for since I graduated. Things seem to be going my way now. I think when we last met I had gone for the interview but I hadn't heard back yet, which is why I didn't mention it then.

Let's get together soon and I'll tell you all about the new job!

Lisa

Vocabulary

- work for ～／～に勤める
- department／（会社などの）～部、～課
- in charge of ～／～係の、～を担当して
- come up with ～／～を考え出す
- ad＝advertisement／広告、宣伝
- interview／面接
- mention／～を話に出す

3 家族の近況を伝える

定型表現
I've been busy ～ing

件名： **Re: お元気ですか。**

こんにちは、マリ

メールをくれてどうもありがとう。私も連絡できなかったことをお詫びします。来月13日にある姉の結婚式準備のお手伝いに追われていました。私が行っているあらゆる準備を見れば、私が結婚する本人だと思われるかもね。おまけに、私と姉が完全に家を出るとなった今、両親は自分たちの住居を縮小し、もっと小さい所に引っ越しすることに決めました。全てを荷造りするのを手伝っていますが、これだけで実に大変な仕事なんです。状況が落ち着き次第、またメールすることを約束します。

愛を込めて

リサ

> **ここがポイント** I too apologize for not being 〜のapologize for 〜は、「〜を謝る」という意味です。forは前置詞ですので、後には名詞か動名詞を続けなければなりません。また、「〜しなかったこと」という否定語notはforの次に来ますので、例文のような一文になります。You'd think I was the one 〜は、事実に反する仮定の一文です。

Subject: Re: How are you?

Hello Mari,

So good of you to mail me. **I too apologize for not being able to get in touch. I've been busy** helping my sister prepare for her wedding, which is happening on the 13th next month. You'd think I was the one getting married with all the preparations I'm making. **To top it off, my parents decided to** downsize their house and move into something smaller now that sis and I are out of the house for good. Just helping them pack up everything **has been a chore and a half**. **I promise to write again as soon as things calm down.**

With love,

Lisa

Vocabulary

- get in touch／連絡を取る
- get married／結婚する
- to top it off／おまけに、挙句の果てに
- downsize／〜を縮小する
- for good／永久に
- chore／雑用
- 〜 and a half／とっても〜、極めて〜

4 学校のことを伝える

定型表現

I'll be graduating 〜

件名： **Re: お元気ですか。**

やあ、マリ！

私も、偶然に会えてよかった！ あなたがあの周辺で働いているなんて知らなかったわ。私？ 私は、まだ学生で、期末試験の終盤のための試験勉強中―これが最後よ！ **4年生が、こんなにもきついとは思わなかったわ**、そうでしょ？ 全て順調にいけば―そのはずなんだけど―**5月16日に卒業します。** 予定が入ってないか知らせてよ。そうすれば案内を一式送るから。あなたが出席することは、私にはとても重要なことなんだけれど、今やあなたには仕事があるからね。**私も卒業後すぐに仕事が見つかることを願うわ！**

では、またね！

リサ

> **ここがポイント** 四年生大学(米国)では、freshman「1年生」、sophomore「2年生」、junior「3年生」、senior「4年生」を使います。卒業者(米国、英国共通)は、I graduated from Oxford.「オックスフォード大学を卒業した」、a graduate of [from] Oxford=an Oxford graduate「オックスフォード大学卒業生」と表現しましょう。

Subject: Re: How are you?

Hey Mari!

It was good running into you, too! I had no idea you were working in the area. Me? I'm still in school, preparing for my last batch of finals—ever! **I had no idea senior year would be so demanding**, you know? If all goes well—and it should—**I'll be graduating on May 16**. Let me know if you're free and I'll send you all the info. It would mean a lot to me to have you there, but I understand that you've got work now. **I hope I can find a job soon after graduation!**

Talk to you soon!

Lisa

Vocabulary

- batch／一団、一群
- final／最終試験、期末試験
- senior year／(米)大学の4年生
- demanding／大変な労力を要求される
- graduate／卒業する
- info=information／情報、案内
- mean a lot／とても大事である
- graduation／卒業

5 仕事のことを伝える

定型表現
I'm working as 〜

件名： **Re: お元気ですか。**

こんにちは、マリ！

すぐにお返事が書けなくて本当にごめんなさい！ 私も仕事でとても忙しくしていたもので。私は、ある独立出版社のセールス担当員として働いているので、方々の書店を回って、最新の出版物の販売促進と販売をしています。あのコーヒー店で偶然に会ったとき？ 実は、角を曲がったところの音楽と書籍の店を訪ねて、出てきたところでした。**ほんと奇遇だよね。**

ねえ、機会があればまた会いましょうよ。土曜日はいつも週日の外回りの疲れを取ることにしているので、私の方は日曜日が一番いいです。

時間のある時に、連絡してね。

リサ

> **ここ が ポイント** What a coincidence, eh?「奇遇だよね」やListen「ねえ、聞いて」などは、会話でもよく使われる表現です。会話調のメールにしたいときに使いましょう。Saturdays I'm usually <u>recovering</u> 〜というように、Saturdayが複数形であり、進行形が使われているのは、「いつも土曜日にしている」との習慣性を表現するためです。

Subject: Re: How are you?

Hi Mari!

So sorry for not writing you back right away! Work has kept me pretty busy as well. I'm working as a sales rep for an independent book publisher, so I travel around to bookstores promoting and selling our latest publications. When I ran into you at that coffee shop? I was actually just coming off a visit to the music and bookshop around the corner. **What a coincidence, eh?**

Listen, we should meet up again if you have a chance. Sundays are best for me as Saturdays I'm usually recovering from the traveling I did all week.

Get back to me when you have a chance.

Lisa

Vocabulary

- right away／すぐに
- as well／同様に
- promote／〜を促進する
- publication／出版物
- coincidence／偶然の一致
- recover from 〜／〜から回復する

6 久しぶりの再会を求める

定型表現

Let me know when's good for you.

件名： **Re: お元気ですか。**

やあ、マリ！

メールを書いてくれて本当にありがとう。私の方から書かなくてごめんなさい。私も仕事と家族のことでとても忙しかったの、つまり、日々の生活にね。どうして毎日の生活はこんなにも忙しくなったんだろう？

Eメールでやりとりをする代わりに、直接会って積もる話をするっていうのはどう？ 私の方は、週末がいいわ、今月の最終土曜日を除いてだけど。その日は私の姉(妹)の結婚式なの。彼女がもう結婚するなんて信じられる？ 光陰矢の如しだね！

とにかく、いつがよいか知らせてね。会えると考えるだけでとてもワクワクするわ！

近いうちに返事がもらえると嬉しいわ！

リサ

> **ここが ポイント** 「時が経つのは早い!」という表現は、英語でもあります。例文のTime flies!のほか、How time flies!やDoesn't time fly?などとも言います。また、紛らわしいのが「(楽しい)時間が過ぎるのが早い!」という表現です。この意味では、How fast the time passes!やThe time just flies.としましょう。

Subject: **Re: How are you?**

Hey Mari!

So good of you to write me! Sorry about not writing on my side. **I've been pretty busy too between work and family** and, you know, life! How did our lives get so hectic?

Instead of going back and forth with the e-mails, why don't we catch up face-to-face? Weekends are best for me, except for the last Saturday of this month. That's my sister's wedding. Can you believe she's getting married already? **Time flies!**

Anyway, let me know when's good for you. I'm so excited thinking about our meeting up!

Hope to hear from you soon!

Lisa

Vocabulary

- □ back and forth／前後に、往復して
- □ catch up／近況を聞く、積もる話をする
- □ except for ～／～を除いて
- □ hear from ～／～から返信をもらう

7 相手を食事・映画に誘う

定型表現

Let me know if you want to come.

件名： **金曜日の夜**

やあ、マリ

1号線の29番出口を出たところにある新しいメキシコ料理店を知っているよね？ 私、店名を思い出せないんだけど、今週の金曜日、多分7時頃に、**私たちの何人かで夕食にそこへ行こうと考えているの**。トミーが4人分の前菜の無料クーポン券を持っているのよ！

あなたも来たいかどうか教えて。また、誰かを連れてきたいというのであれば、それもOKです。目下のところ、もしあなたが来るなら全員で5名になるし、**人数が多ければ多いほど楽しいわ**！

あなたの参加を願ってます！

リサ

ここ が ポイント 例文にあるThe more the merrier! は、比較級の構文「the+比較級(+主語+動詞)、the+比較級(+主語+動詞)」で、「〜であればあるほど、もっと…だ」の意味です。また、Let me know if you want to come, and if you want 〜の1つ目のifは「〜かどうか」、2つ目のifは「もし〜」という仮定法のifです。

Subject: **Friday Night**

Hey Mari,

You know that new Mexican restaurant off of Exit 29 on Route 1? I don't remember its name, but **some of us are thinking of going there for dinner** this Friday, maybe around 7. Tommy has a coupon for four free appetizers!

Let me know if you want to come, and if you want to bring anyone, that's OK too. Right now if you come there will be 5 of us, so **the more the merrier**!

Hope you can come!

Lisa

Vocabulary

- **coupon**／割引券
- **free**／無料の
- **appetizer**／食前酒、前菜
- **right now**／さしあたり
- **merry**／愉快な

8 誘いにOKの返事をする

定型表現

I'd love to join you all on Friday!

件名： **Re: 金曜日の夜**

こんにちは、リサ！

誘ってくれてありがとう。金曜日、皆さんとご一緒させていただきますよ！ あなたが言っていた場所はよく知っています。店名はEl Pancho(エル・パンチョ)だと思います。

1つだけ問題が。金曜日は7時まで仕事があるので、おそらく7時半まで行けないと思います。それでいいよね。**カールとジュリーも一緒に行きたいかどうか声をかけてみます。あなたの言う通り、楽しいでしょうね。** 私が到着するまでに前菜を全て食べちゃったなんてなしですよ、わかった？

マリ

> **ここが ポイント** I'd (=I would) love to join you 〜 は、I would like to 〜と同じような意味で使われ、控えめで丁寧な表現になります。日本語での「声をかけてみます」は、実際に声をかけるという動作だけでなく、来られるかどうか窺うという意味を含みますので、例文のように、I'll talk to 〜 and see if they want to come.としましょう。

Subject: Re: Friday Night

Hi Lisa!

Thanks for the invite. I'd love to join you all on Friday! I know exactly the place you're talking about. I think the name is El Pancho.

Only one problem—I have work until 7 on Fridays, so I probably won't be able to make it until 7:30. Hope that's OK. **I'll talk to Carl and Julie and see if they want to come, too. Like you said, it should be fun.** Don't eat all the appetizers until I get there, OK?

Mari

Vocabulary

- invite／招待、およばれ
- exactly／正確に
- probably／おそらく
- make it／何とか出席する、都合がつく
- appetizer／前菜

9 誘いを断る

定型表現

I'm really sorry, but I won't be able to make it.

件名： **Re: 金曜日の夜**

こんにちは、リサ！

一緒に出掛けるお誘いをありがとう。**本当に申し訳ないんだけど、行けそうにありません。**ジュリーと私は週末にビーチに行くので、金曜日の午後には出発する予定です。ビーチでDover Art Festivalが行われていて、私たちはアーティストと落ち合えればと思っています。

また次回行くときに知らせてください。あそこのファヒータを是非とも食べてみたいからね。私の分までナーチョを食べてきて！

マリ

> **ここ が ポイント** お誘いへのお断りメールです。Noであることを明確に伝えなければなりませんが、マナーも大切です。まずは、お誘いへのお礼を述べ(Thanks for inviting ～)、お断りして(I'm really sorry, but ～)、その理由を丁寧に述べましょう。I'd (=I would) love to go, but ～「行きたいのですが、～」という表現もよく使われます。

Subject: Re: Friday Night

Hi Lisa!

Thanks for inviting me out with you. **I'm really sorry, but I won't be able to make it.** Julie and I are leaving Friday afternoon to go down to the beach for the weekend. There's the Dover Art Festival going on down there, and we're hoping to meet up with some of the artists.

Let me know the next time you're going, because I really want to try their fajitas. Have some nachos for me!

Mari

Vocabulary

- leave／～を離れる、～を出発する (leave London「ロンドンを出発する」; leave London for Dover「ドーバーへ向けて、ロンドンを出発する」)
- going on／行われている、進行中である
- meet up with ～／～と落ち合う
- fajita／ファヒータ (メキシコ料理)
- nacho／ナーチョ (メキシコ料理)

10 結婚式・披露宴への招待

定型表現

I'll mail out the real invitations.

件名： 結婚式

マリヘ

ポールと私は、遂に結婚式の日取りを決めました！ とてもわくわくしています！ 5月5日の土曜日、チャーチ通り34番にあるウェストフィールド教会にて執り行われます。挙式は11時、披露宴は1時30分から始まります。ご心配なく。これは、まだ正式な招待状ではありません。最初にEメールを送って、誰が来てくれるのかおおまかな確認をし、それから、正式な招待状を郵送します。

たった6か月先なのに、計画しなければならないことがあまりにも多いんです！ 幸せを感じつつ、同時に緊張しています。

出席していただけるか、お知らせください。

変わらぬ愛情をこめて

リサ

> **ここ が ポイント** The wedding will be held on Saturday May 5th at ~「挙式は、5月5日土曜日に~にて執り行われます」とも言うことができます。この場合、"be held"と受動態になることに注意してください。「ワクワクする!」という表現は、人が主語ならI'm so excited! と受動態、事物などが主語ならIt's so exciting!となることを思い出しましょう。

Subject: **Wedding Ceremony**

Dear Mari,

Paul and I have finally set a date for our wedding! I'm so excited! **It's going to be on Saturday May 5th at** the Westfield Church, 34 Church Street. The ceremony will start at 11, and the reception will start at 1:30. Don't worry, this isn't the official invitation yet. I'm sending out e-mails first to get a rough idea of who's coming, **then I'll mail out the real invitations**.

I know it's only 6 months away, but we have so much planning to do! I'm happy and nervous at the same time.

Let me know if you can make it.

Love always,

Lisa

Vocabulary

☐ **reception**／宴会
☐ **official**／正式な
☐ **invitation**／招待
☐ **nervous**／神経質な、緊張して

11 結婚式・披露宴への招待の返事

定型表現

You can count on me to be there.

件名： **Re: 結婚式**

リサへ

再度、おめでとうございます！ あなたとポールへの祝福の気持ちでいっぱいです。そして、あたたたちが遂に日取りを決めることができ、嬉しいです！ **ご両親もきっと喜んでおられることでしょう。**

私は、もちろん出席します。 そのための新しいドレスを買いに行ってきます。**挙式は屋外でするのですか？** その教会をオンラインでチェックしたのですが、とても素敵な庭園があるんですね。きっと、ドレス姿のあなたもすごく美しいでしょうね。

時間があるときにでも、会いましょう。 そうしたら、計画について全て話してもらえますね。そして、もう一度、おめでとう！

愛を込めて

マリ

> **ここがポイント** カタカナ語として慣れ親しんでいる単語の使い方に注意です。groundsは、日本語の「グラウンド」の意味もありますが、ここでは、複数形で「特定の目的のための敷地」という意味となります。outdoorsは、「戸外で」という副詞です。outdoor「戸外の」という形容詞と区別しましょう。onlineは一語で「オンラインで」という意味の副詞です。

Subject: Re: Wedding Ceremony

Dear Lisa,

Congratulations once again! I'm so happy for you and Paul, and I'm glad you've finally gotten around to setting a date! **I know your parents must be happy as well.**

You can count on me to be there, and I'm going to get a new dress just for the occasion. **Are you going to be holding the ceremony outdoors?** I checked out the church online and they have some really nice grounds. I'm sure you'll look stunning in your dress, too.

When you have some time, let's get together so you can tell me all about your plans, and again, congratulations!

With all my love,

Mari

Vocabulary

- congratulations／おめでとう、祝いの言葉
- get around to ～／遂に～できる
- count on ～／～をあてにする、期待する
- hold／（式）を挙げる、開催する
- outdoors／屋外で
- stunning／すごく美しい

12 婚約・結婚のお知らせ

定型表現

We're getting married!

件名： 私たち結婚します!

こんにちは、みなさん!

一斉メールをお詫びいたします。昨夜、3年付き合っている彼女のポーリンに結婚の申し込みをしたことをお知らせしたかったのです。件名からおそらく察しがついたと思いますが、彼女は承諾してくれました。私は南カリフォルニアで最も幸せで、最も幸運な男だ、なんてもんじゃありません。

「挙式はいつ?」と尋ね始める前に、私たちが昨夜婚約したばかりだということを忘れないでください。婚約はそう長くはならず、2人とも年内に結婚したいと思っていますので、ご安心を。追って報告します。まずはご報告と、みなさん一人一人に、ずっと支えてきてくれたことへのお礼を申し上げます。

みなさん、ありがとう!

クラーク

> **ここがポイント** 婚約のお知らせメールですので、I got engaged!「婚約しました!」や I would like to announce our engagement.「婚約したことをお知らせいたします」という表現を使うこともできます。また、「ポーリンと結婚します!」と言いたければ、I'm getting married <u>to</u> Pauline! と表現するようにしましょう。前置詞(to)に注意してください。

Subject: **We're getting married!**

Hello all!

I apologize for the mass e-mail, but I wanted to let you know that last night I asked Pauline, my girlfriend of three years, to marry me. **As you can probably guess from the subject line**, she said yes. To say I'm the happiest—and luckiest—man in SoCal would be an understatement.

Before you all start asking, "When's the wedding?" remember that we just got engaged last night. Rest assured, it won't be a long engagement, as **we both want to be married before the year is out**. More info to come; **for now, I just wanted to make the announcement and thank each and every one of you for your support along the way.**

Thank you all!

Clark

Vocabulary

- mass／多数の、大量の
- understatement／控えめな表現
- announcement／発表、通知
- along the way／途中で
- each and every one of ～／～の一人一人

13 婚約・結婚のお祝いメールを送る

定型表現

Congratulations!

件名： **Re: 私たち結婚します！**

クラークへ

おめでとう！　素晴らしいニュースだね！　ポーリンは素晴らしい女性だし、きっと2人は、幸せにやっていけるよ。**挙式の日取りを必ず知らせてください。**出席して、バージンロードを歩くのを見たいです。時が経つのは本当に早いと感じるよ。大学の寮内のレクリエーションルームで、僕たちがよくビリヤードをやったことを覚えています。僕たち、今や本当の大人になっていってるんだね。

僕の代わりに、ポーリンにハグを必ずしておいて。そして、君のお世話をしてくれる彼女に感謝を伝えておいてね！（笑）

アツシ

> **ここ が ポイント** お祝いの言葉としてはCongratulations!「おめでとう!」という表現が一般的ですが、もっと丁寧な表現を使いたい場合は、I would like to extend my best wishes on your engagement.「ご婚約お祝い申し上げます」、I would like to offer my warmest congratulations.「心よりお祝い申し上げます」などの表現もあります。

Subject: Re: We're getting married!

Dear Clark,

Congratulations! That's great news! Pauline is a great woman, and I'm sure you'll be happy together. **Please be sure to let me know when the ceremony is.** I want to be there to see you walk down the aisle. Time seems to move so fast. I remember when we used to shoot pool in the rec room in the dorm in college. Guess we're all becoming real adults now.

Be sure to give Pauline a hug for me, and thank her for taking care of you! LOL

Atsushi

Vocabulary

- aisle＝church aisle／バージンロード
- rec room＝recreation room／娯楽室
- dorm＝dormitory／寮
- LOL＝laughing out loud／大爆笑だ（日本語の「笑」に相当）

14 出産のお知らせ

定型表現

I'm happy and proud to be a first-time dad.

件名：	家族が増えました！

私たちの家族と友人へ

昨日、午後2時45分、ポーリンが、かわいらしくて健康な男の子を出産しました。母子ともに健康で、2人とも明朝に家に帰ってきます。添付されているのが、子供と誇らしげな両親の写真です。私の祖父とポーリンの父にちなんで、私たちは子供をPeter Davidと名付けます。

ピーターが託児所に行けるようになるまで、ポーリンは、彼の世話のために産休を取ります。みんなが、彼本人を見に立ち寄っていただければと思っております。今の心境を言葉では表現できませんが、私は幸せであり、初めて父親となったことを誇りに思います。

心配しないで、もっと写真が届きますよ！

クラーク、ポーリン、ピーターより

> **ここ が ポイント** We just had a baby boy.「男の子が生まれました」、I am proud to announce that our first son was born.「長男が誕生しましたことをお知らせ致します」などの表現も、相手に合わせて使いましょう。なお、赤ちゃんが女の子であればa baby girl、第二子であればour second babyと言います。

Subject: **Addition to the Family!**

To our family and friends:

Yesterday, at 2:45 p.m., Pauline **gave birth to a beautiful and healthy baby boy**. Both he and his mom are doing well, and they'll be coming home tomorrow morning. **Attached is a picture of** him and his proud parents. We are calling him Peter David, after my grandfather and Pauline's father.

Pauline will be taking maternity leave so she can take care of Peter until he's ready for daycare. I hope you all have a chance to come by and see him in person. I can't describe the emotions I'm feeling right now, but **I'm happy and proud to be a first-time dad**.

Don't worry, more pictures are on the way!

Clark, Pauline, and Peter

Vocabulary

- **give birth to 〜**／〜を出産する
- **attach**／〜を添付する
- **maternity leave**／産休
- **take care of 〜**／〜の世話をする
- **describe**／〜を表現する
- **emotion**／感激、感動

15 出産のお祝いメールを送る

定型表現

I definitely would like to stop by ~

件名: **Re: 家族が増えました！**

クラークへ

クラーク、ポーリン、親になられたこと、おめでとうございます！ 君が送ってきたピーターと君の写真は、素晴らしかったよ。ポーリンの体調が良いと聞いて嬉しいです。君も元気でありますように。

これから数週間は、いろんなことでかなり忙しくなろうかと思いますが、僕はできるだけ早く、君と君の生まれたばかりの赤ちゃんに是非とも会いに行きたいと思っています。それがどんなものであるか想像すらできませんが、きっと君たち二人は幼いピーターの立派な両親になると思います。

再度、おめでとう！

アツシ

Check! congratsは、congratulationsの略語ですが、ニュアンスとしては、「オメデト！」くらいの感じです。

> **ここが ポイント** Congratulations to you and Pauline on the arrival of your baby boy!「君とポーリンに、男の子のご誕生おめでとう!」、Congratulations on the new addition to the family!「家族が増えておめでとう!」、Please accept my congratulations on the birth of your baby boy.「男の子のご誕生、おめでとうございます」などの表現にも慣れておきましょう。

Subject: **Re: Addition to the Family!**

Clark,

Congratulations to you and Pauline on becoming parents!
The picture you sent of you and Peter was amazing. Glad to hear that Pauline is doing well. I hope you are too.

I know things will be pretty busy **for the next couple of weeks**, but **I definitely would like to stop by and see you and your new son as soon as I can**. I can't even begin to imagine what it's like, but I'm sure you two will be great parents to little Peter.

Congrats again!

Atsushi

Vocabulary

- amazing／驚くべき
- definitely／確かに、絶対
- pretty／かなり
- as soon as *one* can／できるだけ早く (as soon as I can は、as soon as possibleと言い換え可能です)

16 誕生日のお祝いメールを送る

定型表現

Happy Birthday!!!

件名： お誕生日おめでとう!!!

お誕生日おめでとう、マリ！ 25歳になった気分はどう？ おそらく、24歳とそんなに変わらないよね？

今週、遠くにいるなんて本当に残念。夕食をおごるから、戻ったらすぐに電話して。それとケーキも！ ケーキなしの誕生日なんて、でしょ？

旅行中のお誕生日を楽しめるといいね。私の分までお酒を飲んでね！

愛を込めて

リサ

Check! callの代わりに、telephoneやringという動詞も使えます。また、Give me a call.「電話をちょうだい」のように、名詞として使うこともできます。ここで使われているHave a drink for me.のa drinkは、「お酒」の意味。

ここ が ポイント 25歳の誕生日は、*one's* 25th (twenty-fifth) birthday と言います。「おごる」は、I'll treat you.「私が払います」/ I'll treat you to a cake.「私がケーキをおごります」や、Let me get this (one). / This is on me.「これは私のおごりです」のように、いろいろな形で表現することができます。

Subject: **Happy Birthday!!!**

Happy birthday, Mari! **What's it feel like** to be twenty-five now? **Probably not much different from** being twenty-four, right?

Too bad you're out of town for the week. Call me as soon as you get back so **I can buy you dinner**. And a cake! What's a birthday without a cake, right?

I hope you enjoy your birthday while you're on the road. Have a drink for me!

Love,

Lisa

Vocabulary

- different from 〜／〜と異なる
- out of town／町を離れて、出張中で
- get back／戻る
- buy 〜／におごる
- on the road／旅行中で、出張中で

17 入学・卒業について知らせる

定型表現

Graduating!

件名： **卒業します!**

やあ、カレン

何だと思う？ 私、とうとう実社会の仲間入りをするわよ。この5月に、大学を卒業するの！

卒業に必要な履修単位が全て揃っているという確認をもらったばかりなの、もちろん、最終試験に問題がなければだけどね。でも、最終試験はとても簡単なはずなの。実際、私がとっている授業の2つは最終試験もないから、朝飯前のはずよ。

卒業式は5月18日です。もし、あなたが来てくれるのなら、私にとってはとてもありがたいことなんだけれど。というのも、私が大学に入ったとき、あなたはいろいろと教えてくれた人だから。

変わらぬ愛情を込めて

サキ

Check! アメリカ英語では、graduate from college「大学を卒業する」のfromを省略することが時々あります。

> **ここがポイント** you were the one who showed me the ropes〜は、関係代名詞主格を含む一文です。「the one(先行詞)+who(関係代名詞主格)+動詞」で、「〜する(した)人」という意味になります。助動詞shouldは、例文のIt should be a piece of cake.や It should be okay.「それは大丈夫なはずだ」のように、期待に添う可能性に関して言うときに使われます。

Subject: Graduating!

Hey Karen,

Guess what? I'm finally going to join the real world! **I'm going to graduate college** this May!

I just received confirmation that I have all the credits I need for graduation, barring any problems with finals, of course. But they should be pretty easy. In fact, two of my classes aren't even having finals so it should be a piece of cake.

The ceremony is on May 18. It would mean so much to me if you could make it **since you were the one who showed me the ropes** when I got here.

Love always,

Saki

Vocabulary

- **confirmation**／確認、確証
- **credit**／(履修)単位
- **barring**／〜を除いて
- **in fact**／実際
- **a piece of cake**／朝飯前のこと
- **show 〜 the ropes**／〜にこつを教える

18 就職・仕事について知らせる

定型表現

I got the job in ～

件名： **働く女性**

サキへ

初めての正式な仕事に就いたのは誰でしょう？ そのとおり、**私は正真正銘、被雇用者の一員となります**。vidreviews.com社の制作部**に就職しました**(映画、ゲーム、電子機器のようなあらゆる物の批評をする会社です)。私は、会社のサイトのビデオ分野の制作を手伝います。とてもワクワクしていて、**始まるのが待ち遠しいです。**

最初の仕事が掲載されたら、リンク先を送ります。仕事場(スタジオ)の様子が分かったら、案内しますので、立ち寄ってくださいね！

カレン

> **ここが ポイント** I'll send you a link to the first show <u>once</u> it goes up. <u>Once</u> I know my way around the studio 〜のような、接続詞once（「いったん〜したら、〜するやいなや」）の用法を覚えて使いましょう。また、I'll give you a tour. は、I'll show you around.「案内します」とも言うことができます。

Subject: Working Girl

Dear Saki,

Guess who just landed her first real job? That's right, **I'm going to be an honest-to-goodness member of the workforce. I got the job in** the production department for vidreviews.com. (They do reviews for all kinds of things like movies, games, and electronics.) I'll be helping to produce video segments for their site. It's so exciting and **I can't wait to start**.

I'll send you a link to the first show once it goes up. Once I know my way around the studio, I'll give you a tour, so please drop by!

Karen

Vocabulary

- land／（仕事など）を得る
- honest-to-goodness／正真正銘の
- workforce／全従業員、労働人口
- review／批評、評論
- segment／分野、部分
- know *one's* way around [about] 〜／〜についてよく知っている

19 病気・怪我へのお見舞いメールを送る

定型表現

Thinking of You

件名： あなたのことを思っています

カレンへ

自転車事故に遭って、足を骨折して家にいると聞きました。あなたが早く元気になられるように心からお祈りします。必要なものがあれば何でも、遠慮なく私に知らせてください。

私も高校生の時にサッカーをしていて、肘を骨折しました。ギプス包帯がどれだけ痒いか想像できます。もしもお望みなら、立ち寄ってギプスに名前を書きますよ。

早く回復することを願っています！

サキ

> **ここが ポイント** ～ let you know that my thoughts and prayers are with you. の my thoughtsは「(あなたのことを)心より思い心配していること」であり、prayersは「(回復を)祈っていること」という意味です。I hope your recovery will be swift.「早く回復されますように」とメールを結ぶこともできます。

Subject: **Thinking of You**

Dear Karen,

I heard about the bicycle accident you had and that you're at home with a broken leg. **I just wanted to let you know that my thoughts and prayers are with you.** If there's anything you need, **please don't hesitate to let me know**.

I broke my elbow in high school once playing soccer. **I can imagine how itchy that cast feels.** If you're feeling up for it, I'll stop by and sign your cast.

Hope you're back on your feet soon!

Saki

Vocabulary

- thoughts／思いやり、配慮
- prayer／祈り
- hesitate to ～／～することをためらう
- itchy／かゆい
- cast／ギプス
- feel up for ～／～について乗り気だ
- be back on *one's* feet／再び元気になる、回復する

20 お見舞いへのお礼のメールを送る

定型表現

The leg is doing better.

件名： Re: あなたのことを思っています

サキへ

メールを本当にありがとう。**とても嬉しかったです。**

足は良くなってきています。医者によると、**あと数日間家にいれば、**松葉杖を使い始められるそうです。**また動けるようになるのが待ち遠しいです。**もちろん、ギブスに名前を書いてもらいたいですが、私からそちらへ行きます！ こんな風に家にいるのはもう十分です。

私が自転車から落ちたなんて、**未だに信じられません。**だって、大人なんですから。もう20年も自転車に乗っているんですよ。慣れているはずだと思うでしょ？

改めて、メールをありがとうございました。あなたに会うのが待ちきれません！

カレン

> **ここが ポイント** I am (well) on the road to recovery.「(かなり)回復に近づいてきております」も定番表現です。実際にお見舞いに来てくれたことへのお礼メールならば、Thank you for visiting me (in the hospital).「(病院に)お見舞いに来てくれてありがとう」と言いましょう。

Subject: Re: Thinking of You

Dear Saki,

Thanks so much for your mail. **It meant a lot to me.**

The leg is doing better. Doctor says **just a few more days at home and then** I can start using crutches. **I can't wait to get moving again.** Of course I'd love to have you sign my cast, but I'm going to come to you! I've spent enough time at home as it is.

I still can't believe I fell off my bike. I mean, I'm an adult now. I've been riding a bike for like twenty years. You'd think I'd be used to it, you know?

Thanks again for the mail. Can't wait to see you!

Karen

Vocabulary

- crutches／松葉杖
- spend／〜を過ごす
- I mean,／つまり
- ride／(自転車など)に乗る
- be used to 〜／〜に慣れている

21 お悔やみのメールを送る

定型表現

My sympathies are with you and your family.

件名： **心からのお悔やみ**

リサへ

おじいさんがお亡くなりになったと聞きました。 心よりお悔み申し上げますと共に、あなたにお見舞い申し上げます。今はあなたとご家族にはお辛い時にちがいありませんが、**もしも私にできることがありましたら何なりと、ご遠慮なくおっしゃってください。** 話したいということだけでも構いません。昼夜問わず、いつでもお電話してきてください。

あなたやご家族のお気持ちをお察しいたします。 必要なときには私がいるということを覚えておいてください。

変わらぬ愛情を込めて

マリ

Check! sympathyには、日本語の「同情」のように相手を上から見るような意味のニュアンスは含まれません。

> **ここ が ポイント** I am very sorry to learn of the passing of your grandfather.「おじいさんが亡くなられたと伺い、とても残念に思います」やPlease accept my sincere condolences on the loss of your grandfather.「おじいさんが亡くなられたこと、心よりお悔み申し上げます」などの表現も使われます。

Subject: **My Sincerest Condolences**

Dear Lisa,

I heard about your grandfather passing away. I just wanted to offer you my sincerest condolences, and let you know that you are in my thoughts. I know this must be a difficult time for you and your family, but **if there's anything at all that I can do to help, please don't hesitate to ask**. If you want to just talk, that's fine too. Call me at any time, day or night.

My sympathies are with you and your family. And remember, I'm here for you if you need me.

Love always,

Mari

Vocabulary

- sincere／心からの
- condolence／哀悼、悔やみ、複 弔辞
- pass away／亡くなる（dieの婉曲表現。名詞deathの婉曲表現としては、passing、lossなどが用いられる）
- sympathy／同情、複 悔やみ、弔辞

22 お悔やみへのお礼のメールを送る

定型表現

I wanted to call you and thank you personally.

件名： **Re: 心からのお悔やみ**

マリへ

温かいお言葉をどうもありがとう。本当に慰められました。私や家族がこの状況を乗り越えるの**を助けてくれたのは、あなたのような友達の支えです。**

あなたにお電話をして直接お礼を言いたかったのですが、時間がありませんでした。伯父と伯母が葬儀に飛行機でやってくるための準備をしなければならなかったのです。祖父を愛してくださった人があまりにも多かったので、そのような方々みんなと連絡を取るのは、想像できないほどの大仕事でした。

重ねて弔慰に感謝致します。**全てが落ち着いたら**、お電話します。

愛をこめて

リサ

Check! 文中の〜 them all (=all of them) は、〜 the people all とは言えません。

> **ここ が ポイント** I was really consoled by your kind words.「あなたの優しいお言葉に本当に慰められました」や、I am so grateful to you for your kind words.「あなたのご親切なお言葉にとても感謝しております」などの表現もあります。

Subject: Re: My Sincerest Condolences

Dear Mari,

Thank you so much for your kind words. They meant a lot to me. **It's the support of friends like you that has helped** me and my family get through this.

I wanted to call you and thank you personally, but I just didn't have the time. I had to make arrangements for my aunt and uncle when they flew in for the funeral. There were so many people that loved Grandpa, you can't imagine how big a task it was to get in touch with them all.

Thanks again for your sympathies. I'll give you a call **once everything calms down**.

Love,

Lisa

Vocabulary

- personally／じきじきに、直接に
- arrangement／準備、用意
- funeral／葬式
- task／仕事

23 贈り物へのお礼

定型表現

I can't thank you enough.

件名： **ありがとう！**

リサへ

クリスマスにと送っていただいた果物かごを受け取りました。ありがとうございます！ 触れたくないと思うほど、とても美しかったです。**お時間を割いてわざわざお送りいただき、本当に感謝しています。**お正月に家族に会いに日本へ帰ることができないので、本当にありがたいです。

ボーイフレンドのご家族と素晴らしい休暇をお過ごしください。

改めて、**言葉にできないほど感謝しています。**

愛をこめて

マリ

Check! New Year's＝(米)New Year's Day「元日」; New Year's Eve「大晦日」(イギリス英語では、New Yearと表現する。the new year は「新年」) Happy New Year(「あけましておめでとう／良いお年をお迎えください。」)の頭にAを付けるのは和製表現で間違いです。(✕A Happy New Year)

> **ここ が ポイント**　「お礼の言いようもありません」の表現には、I don't know how to express my thanks. / I don't know how to express my gratitude to you.「感謝の言葉もありません」や、I am more grateful to you than I can say.「お礼の申しようもございません」などがよく使われます。

Subject: **Thank you!**

Dear Lisa,

I received the fruit basket you sent me for Christmas. Thank you! It looked so beautiful that I didn't want to touch it. **I really appreciate you taking the time to send that to me.** It means a lot to me as I won't be able to go back to Japan to see my family **during New Year's**.

I hope you have a wonderful holiday time with your boyfriend's family.

Again, **I can't thank you enough**.

Love,

Mari

Vocabulary

- look／見える(「〜に見える」という自動詞である)
- take (the) time to 〜／(わざわざ)時間を取って〜する

24 招待へのお礼

定型表現

Thanks for inviting me to ～

件名： **Re: 送別会**

こんにちは、マリ

マットの送別会に招いていただいてありがとう。 もちろん、**私の出席を当てにしてくれていいですよ。** もし、**計画や準備にお手伝いが必要であれば、**知らせてね。必要とあらば、どこであれいつであれ、喜んで協力します。

ほんと、彼が現実にイングランドに引っ越すなんて信じられない。前々から行くのは好きだと知っていたけれど、まさか仕事をそこで見つけるなんて考えてもみなかったわ。

贈り物の案は何かあるの？ 知らせてね！

愛を込めて

リサ

> **ここがポイント** organize a party「パーティーを計画(準備)する」、organizer「幹事、世話役」などの表現や単語もよく使われます。If you need any help with 〜は、If you need me to help you with 〜というようにhelpを動詞にして表現することもできますが、その場合は「誰に」を明確にするmeをto helpの前に入れるのを忘れないようにしましょう。

Subject: **Re: Farewell Party**

Hey Mari,

Thanks for inviting me to Matt's farewell party. Of course **you can count on me to be there**. **If you need any help with planning or setting up**, please let me know. I'll be happy to pitch in wherever and whenever you need me.

You know, I can't believe he's really moving to England. I know he's always loved visiting, but I never thought he would find a job there.

Are there any plans for a gift? Let me know!

Love,

Lisa

Vocabulary

- farewell／別れの
- count on 〜／〜を当てにする
- plan／〜を計画する
- set up 〜／〜を準備する
- pitch in／協力する、参加する
- move to 〜／〜に引っ越す

25 メールの返事が遅くなったとき

定型表現

It completely slipped my mind.

件名： **Re: 引っ越しのお手伝い**

やあ、クラーク

もっと早くにお返事をしなかったことを心よりお詫びします。仕事があまりにも忙しかったので、すっかり忘れてしまっていました。

はい、引っ越しの荷造りのお手伝いにそちらへ行きますよ。君が必要とする間ずっといることができます。

お待たせしたことを重ねてお詫びします。

では土曜日に。

アツシ

> **ここが ポイント** help you pack up「あなたが荷造りをするのを手伝う」というように、通常helpはtoを省略して表現します。「お待たせしてすみませんでした」は、I am sorry to have kept you waiting. やI am sorry for having kept you waiting. などと言うこともできます。

Subject: **Re: Help with Moving**

Hey Clark,

My sincerest apologies for not replying to you sooner. I was so busy with work that **it completely slipped my mind**.

Yes, **I will be around to help you pack up things for your move**. I can stay for as long as you need me.

I apologize again for making you wait.

See you on Saturday.

Atsushi

Vocabulary

- reply to ～／～に返事をする
- slip *someone's* mind／うっかり忘れる（事柄が主語に来て、「～をまったく忘れてしまう」の意味）
- be around／訪れる
- pack up ～／～を荷造りする
- move／引っ越し
- as long as ～／～する限り

26 失礼を謝る

定型表現

I regretted saying it.

件名： 昨日について

アツシへ

私が君に昨日言ったことを謝りたいです。それは不適当なことであって、言ってからすぐに、言ったことを後悔しました。君を不愉快な気持ちにさせるつもりはありませんでした。ですので、私のふるまいをお詫びします。

君の友情を大切に思っているので、このことが我々の間を裂くのを見るのは嫌です。失礼であったことに対して、私が本当に狼狽していることを分かってください。二度とこのようなことはしません。

敬具

クラーク

Check! regretの使い分けに注意！⇒regret saying ～「～と言ったことを残念に思う」; regret to say ～「残念ながら～と言う」

> **ここ が ポイント** apologize for what I said to you 〜のwhat I said to youは、「私があなたに言ったこと」という意味です。基本形は、「what(関係詞)+主語+動詞」で、「(主語)が、(動詞)すること／したこと」ですので、覚えて使いましょう。(〈例〉I appreciate what you have done for me.「あなたがしてくれたことに感謝しています」)

Subject: **About Yesterday**

Dear Atsushi,

I want to apologize for what I said to you yesterday. **It was out of place, and I regretted saying it** as soon as I said it. **I had no intention of making you feel uncomfortable**, so I apologize for my behavior.

I value your friendship, and I would hate to see this come between us. Please know that I am truly upset for being rude. **It will never happen again.**

Sincerely,

Clark

Vocabulary

- out of place／不適当な、場違いの
- intention／意図、つもり
- value／〜を重んじる、尊重する
- hate to 〜／〜するのを嫌う
- be upset／取り乱している、うろたえる
- rude／失礼な

27 誤解を謝罪する

定型表現

I'm so sorry for the misunderstanding I caused.

件名： ごめんなさい!!

こんにちは、サキ

昨日あなたとトムの間に誤解を生じさせてしまい、本当にごめんなさい。私は注意して言葉を選びませんでした。そのことをお詫びします。

もうすでにトムとは話をして、何が起こったのかを説明しました。許してもらえますか。今度会ったとき、あなたに償いをすることをお約束します。

変わらぬ愛を込めて

カレン

> **ここ が ポイント** 〜 next time we meetのnext timeは、「今度会ったときに」という接続詞的な意味をもっています。その場合は、未来の助動詞willは入れない(×next time we will meet)ので注意しましょう。Can you forgive me for 〜?「〜のことを許してくれますか」というように、許して欲しい事柄を明示するときはforを用います。

Subject: Sorry!!

Hey Saki,

I'm so sorry for the misunderstanding I caused between you and Tom yesterday. **I didn't choose my words carefully**, and for that I apologize.

I already talked to Tom and explained what happened. Can you forgive me? **I promise to make it up to you next time we meet.**

Love you always,

Karen

Vocabulary

- **misunderstanding**／誤解
- **make it up**／償いをする、埋め合わせをする(make up to *A* for *B*「AにBの償いをする」という表現もよく使われる)

28 助言を求める

定型表現

I wanted to ask you for some advice regarding ~

件名： アドバイスのお願い

こんにちは、カレン

新しいコンピュータについて、アドバイスが欲しいなと思いました。デスクトップか、ラップトップか、またはタブレットを買うべきか分かりません。あなたは、わたしよりもテクノロジーの最新情報に詳しいので、アドバイスをもらえればありがたいです。

できれば、800ドルを超す支払いはしたくないですが、その点はいくぶんか順応できます。私は、それを主にインターネットや、写真の編集や写真アルバムの作成という仕事に関係のない計画に使うつもりです。

どのようなアドバイスでも歓迎します。

ありがとう

サキ

> **ここが ポイント** more than $800は、厳密に言うと、「800ドル以上」ではありません。「800ドルよりも多い」という意味であり、800ドルは含まれません。more thanは、数詞の前に置くと「〜より多い(=over)」という意味になるからです。一方、名詞・動詞・形容詞・副詞の前に置くと、「〜以上」という意味の表現(例：more than enough「十分以上に」)として使うことができます。

Subject: **Advice Needed**

Hey Karen,

I wanted to ask you for some advice regarding a new computer. I'm not sure if I should get a desktop, a laptop, or a tablet. You're more up to date with technology than I am, so **I would appreciate your advice**.

If possible, **I don't want to spend more than** $800, but I can be somewhat flexible on that. I'm mainly going to be using it for Internet and non-work-related projects, like editing pictures and creating photo albums.

Any recommendations you have would be welcome.

Thanks,

Saki

Vocabulary

- regarding／〜に関して
- be up to date with／〜(最新情報など)について詳しい
- somewhat／いくぶん、やや
- flexible／融通のきく、順応性がある
- edit／〜を編集する

29 助言・提案をする

定型表現

I might know a few things about ～

件名： **Re: アドバイスのお願い**

こんにちは、サキ

私はコンピュータについて少しは知っているかもしれないけれど、この世で最もテクノロジーに精通している人というわけではないですよ。

あなたのニーズ、予算、そしてあなたに関して知っている他のこと全てを考えあわせると、私はラップトップがいいかと思います。デスクトップはあまりにも大きくて扱いにくいですし、その上、新しいディスプレイも買わなければならないかもしれないので、よりお金がかかります。タブレットは今の流行ですが、あなたがしたいことへの使用は限られています。あなたがしたい写真の編集のようなものに対処できる記憶容量とソフトウェアが必要となるでしょう。**私からのアドバイスは**ラップトップを選ぶことです。特に、あなたは、頻繁に日本を行き来するので、ちゃんとしたキーボードでEメールを打つ方がずっとやりやすいでしょう。

モデルを選ぶ**お手伝いが必要なら知らせてね。**

じゃあね

リサ

> **ここが ポイント** 他動詞consider「～だとみなす」は、I don't consider myself the most tech-savvy person ～のように、動詞の後に「～を(目的語)」…と(補語)」を続け、表現します。また、I consider that ～というように、that 節を続けることもできます。especially since「特に～なので」のsince は理由を表す接続詞です。

Subject: Re: Need Advice

Hi Saki,

I might know a few things about computers, but I don't consider myself the most tech-savvy person in the world.

Thinking about your needs, your budget, and everything else I know about you, I would go with a laptop. Desktops are too bulky, and then you may have to get a new monitor, which will cost more money. Tablets are the in-thing right now, but their use is limited for what you want to do. You'll need memory and software to handle the kinds of photo edits you want. **My advice is** to go with the laptop, especially since you travel back and forth to Japan a lot; it's a lot easier to type out e-mails on a real keyboard.

Let me know if you need any help choosing a model.

Cheers,

Lisa

Vocabulary

- consider／～だとみなす
- savvy／精通した、物知りな
- budget／予算
- go with ～／(品物など)を選ぶ
- bulky／大きくて扱いにくい
- handle／～に対処する
- edit／～を編集する
- back and forth／行ったり来たり(して)

30 注意・忠告をする

定型表現

I just wanted to warn you that ～

件名： 注意せよ!

クラークへ

おい、ちょっと。**君に警告しときたいんだけど**、君がエイミーの誕生日を忘れていたことで彼女すごくカッカしているぞ。なぜか知らないけど、彼女は君が盛大なお祝いを彼女のためにすると思っていたんだ。**僕が君だったら、とにかく何かをすぐにやろうとするだろうな。**

忙しいのは知ってるけど、もっと詳しいことを君に話すので、**これを読んだら僕に電話して。僕に、君を救える案もあるかもね。**

アツシ

ここ が ポイント If I were you, I would try to ～は、「もし私があなただったら、～しようとするだろう」という事実に反する仮定です。事実ではないので、時制に注意です。現在の事実に反するならIf I were ～, I would ～と過去形になります。過去の事実に反する仮定なら、If I had been you ～, I would have tried to ～となります。大切なパターンなので、しっかりと覚えて使いましょう。

Subject: Heads up!

Clark,

Hey man. **I just wanted to warn you that** Amy is pretty upset that you forgot her birthday. I don't know why, but she thought you were going to have some big celebration for her. **If I were you, I would try to put something together immediately.**

I know you're busy, but call me once you've read this so I can give you more details. **I might also have a plan that could save you.**

Atsushi

Vocabulary

- Heads up!／気をつけろ！ 危ない！
- warn／～を警告する、注意する (I warn you that ～のように、目的語を省略しないのが一般的である)
- celebration／祝賀
- put ～ together／(考えなど)をまとめる、考え合わせる
- immediately／即座に
- detail／細部、[複] 詳細
- save／(危険や困難などから)～を救う

91

31 失恋した人を励ます

定型表現

I'm so sorry to hear you broke up with ~

件名: 私はあなたのためにいるからね…

こんにちは、サキ

あなたが彼氏と別れたと聞いて、とても気の毒に思っています。話し相手や話を聞いて慰めてくれる人が必要なら、私がいますよ。

別れた後は確かに一番つらい時ですが、あなたは強い女性です。あなたはこれを乗り越えて、事態は良くなっていきますよ。きっとです。あなたを愛している友達みんなや家族のことを考えるようにしてください。

何でも必要なことがあれば、忘れずに私に知らせてね。

変わらぬ愛を込めて

カレン

Check! rememberの使い分けに注意！⇒remember to mail me ～「私にメールするのを覚えている」; remember mailing me ～「私にメールしたことを覚えている」

> **ここ が ポイント**　「ボーイフレンドと別れた」は、I split up with my boyfriend. のようにも表現できます。別れた彼氏はex-boyfriend(元彼女なら、ex-girlfriend)と言います。ちなみに恋愛中なら、I am in love with him. であり、交際中ならI have been going out with him.と言います。

Subject: I'm here for you …

Hey Saki,

I'm so sorry to hear you broke up with your boyfriend. If you need someone to talk to or a shoulder to cry on, **I'm here for you**.

I know the time after a breakup is the hardest, but you're a strong woman. You'll get through this and **things will be better**. I promise. Focus on all the friends and family who care for you.

Remember to let me know if you need anything.

Love always,

Karen

Vocabulary

- break up with ～／～と別れる、破局する
- a shoulder to cry on／(つらいことなどの)話を聞いて慰めてくれる人、悩みを聞いてくれる人
- breakup／破局、離別
- care for ～／～を大事に思う、愛している

32 失敗した・不合格だった人を励ます

定型表現

I'm sure you'll get in at a company you really like.

件名： **やあ**

マイクへ

面接に行った仕事がダメだったそうで残念です。 本当に落ち込んでしまうよね。僕が思うに、それは会社の損失だよ。彼らは素晴らしい社員の獲得のチャンスを逃したわけだ。

今回の面接は、次の面接のための単なる練習だと考えてみてよ。 それが僕のやり方なんだ。今回の仕事はダメだったかもしれないけど、**君は本当に望んでいる会社にきっと入ることができるよ。** あきらめないで。

テツ

> **ここが ポイント** job interview(就職面接)を受けるには、résumé(=curriculum vitae「履歴書」)やreference(推薦状)を、会社のthe personnel department(人事部)宛てに送るのが一般的です。就職試験に落ちた人に、日本語の「がんばれ!」のつもりでWork hard!などと言わないように気を付けましょう。励ましにはなりませんから。

Subject: **Hey**

Mike,

I'm sorry to hear you didn't get the job you interviewed for. I know what a letdown that can be. The way I see it, it's that company's loss. They missed out on a chance to a get a great employee.

Try to think of this interview as just practice for the next one. That's what I do. You may not have gotten this job, but **I'm sure you'll get in at a company you really like**. Don't give up.

Tetsu

Vocabulary

- **interview for a job**／就職の面接を受ける
- **letdown**／意気消沈、落ち込み
- **miss out on ～**／～を逃す
- **employee**／従業員、被雇用者
- **think of A as B**／AをBとみなす
- **get in**／(試験などを受けて)会社に入る

33 メールアドレス変更を通知する

定型表現

I will no longer be using this e-mail address.

件名： **新しいEメールアドレス**

来たる3月1日から、このEメールアドレスをもう使用しなくなりますことをご報告いたします。ご迷惑をおかけして申し訳ございませんが、適宜、アドレス帳やメーリングリストの更新をお願いします。全てのメールを現在のアドレスと新しいアドレスで受け取ることになっていますので、私の現在のアドレスをまだ使っていただくことは可能です。しかしながら、12月1日をもちまして、このアドレスは完全に停止されてしまいます。

ご理解をよろしくお願いいたします。

敬具

アン・ウォーカー

> **ここがポイント** メールアドレスの変更ですので、詳細を明確に伝える必要があります。送信者が旧アドレスを使用しなくなるのはいつか、旧アドレスが完全に無効になるのはいつかなど、具体的に明記しましょう。My current address will become invalid as of December 1.「現在のアドレスは、12月1日付で使えなくなります」と表現することもできます。

Subject: New E-Mail Address

I'd like to inform you that come March 1 **I will no longer be using this e-mail address**. **I apologize for any inconvenience**, but please update your address books and mailing lists accordingly. You can still use my current address, as I will receive all mails from this address and my new one. As of December 1, however, **this address will be completely phased out**.

Thank you in advance for your understanding.

Sincerely,

Ann Walker

Vocabulary

- **come**／（時が）〜になると
- **no longer**／もはや〜でない
- **inconvenience**／不都合、迷惑
- **update**／〜を更新する
- **accordingly**／それゆえに、それ応じて
- **as of 〜**／〜現在で、〜から（as of now「現在のところ」）
- **phase out 〜**／〜を段階的に停止する
- **in advance**／前もって、あらかじめ

34 文字化けを伝える

定型表現

The text in your last e-mail came out garbled.

件名： あなたの最新メッセージ

やあ、アツシ

君からのこの前のEメールの本文は、開けてみると、文字化けしていました。メッセージをHTMLで見ても、問題は処理できなかったです。どのフォントを使用しているかを確かめて、そのメッセージを再送してもらえますか。それが上手くいかないなら、メッセージをPDFとして保存して、それを私にメールしてください。その問題が、それ以上に深刻なものでないことを願います。

じゃあね

アレックス

> **ここが ポイント** 「文字化け」という単語はないので、The message was garbled. / The letters are unintelligible.というように、garbleやunintelligibleを使って表現します。この時、「人」を主語にして、「あなたは、文字化けしたメールを送りました」という一文にすると、相手を責めているように聞こえます。ですから、「物」を主語にした文で表現しましょう。

Subject: **Your Last Message**

Hey Atsushi,

The text in your last e-mail came out garbled when I opened it. Even viewing the message in HTML didn't fix the problem. **Could you check what font you're using and resend the message?** If that doesn't work, save the message as a PDF and mail that to me. **I hope the problem is nothing more serious than that.**

Cheers,

Alex

Vocabulary

- garble／〜を歪曲する、〜をゆがめる
- fix／〜をうまく処理する
- font／フォント（イギリス英語では、通常fountと綴る）
- resend／〜を再び送る
- save／〜を保存する
- HTML＝hyper text markup language
- PDF＝portable document format

35 添付ファイルが読めない・開かない

定型表現

I wasn't able to open the attached file 〜

件名： **Re: 新しい提案書**

スタンへ

提案書をお送りいただきありがとうございます。残念ながら、私の携帯電話上では、その添付ファイルを開けることができませんでした。そのファイルを普通のテキストファイルかPDFにして、再送していただけませんか。また、私はオフィスの外におりますので、tjohnson@company.comのTom Johnson宛てにCCで送ってください。万一私の方であなたの提案書を読むのにさらなる問題があれば、彼がオフィスでそのファイルを見ることができます。

ではよろしく。

サキ

> **ここがポイント** 受信側の機種の問題等で再送をお願いするときは、Would you mind resending ~?というように、丁寧な表現を使いましょう。He'll be able to view the file at the office should I have any further problems ~のshouldから後は、「万一~ならば」という仮定文です。これは if I should have any further problems ~のifが省略されて倒置が生じた形です。

Subject:　Re: New Proposal

Dear Stan,

Thank you for sending over the proposal. Unfortunately, **I wasn't able to open the attached file on my phone. Would you mind resending the file as a plain text file or as a PDF?** Also, since I am out of the office, please CC Tom Johnson at tjohnson@company.com. He'll be able to view the file at the office **should I have any further problems** reading your proposal.

Thanks in advance.

Saki

Vocabulary

- **proposal**／提案(書)
- **attach**／~を添付する (attached file「添付ファイル」)
- **plain text**／(通信)平文、生文
- **CC**／~にメールのコピーを送る
- **view**／~を見る
- **further**／さらに、それ以上に (further questions「さらなる質問」、further information「さらなる情報」)

36 メール再送の依頼をする

定型表現

Could you resend the e-mail ～?

件名： **再送お願いします**

リサへ

昨日お送りいただいたEメールを、再送していただけますか。私のメールボックスの容量がいっぱいになり、**図らずもあなたからのメッセージを**アーカイブする前に**消去してしまいました。**私のPCにファイルは既に保存しましたので、ファイルのご心配はいりません。Eメールメッセージだけを**私の記録用として**頂戴できれば結構です。

よろしくお願いします。**再送をお願いして申し訳ございません。**

敬具

カレン

Check! 文中のincludingは動名詞です。All of us, including him ～「彼を含めて我々全員は」のように使われるincludingは前置詞です。違いに注意しましょう。

> **ここがポイント** 自分の過失によりメールの再送をお願いするときは、更に丁寧な表現を心がけましょう。Could you resend the e-mail 〜?で始め、Thanks, and sorry for asking you to resend.というように、再度お詫びで結びます。また要望にも、If I <u>could</u> 〜, that <u>would</u> be great.のように丁寧な仮定表現を使用しましょう。

Subject: **Please Resend**

Dear Lisa,

Could you resend the e-mail you sent yesterday? I reached the capacity of my mailbox and **I accidentally deleted your message** before I could archive it. Don't worry about including the file as I already saved that to my PC. If I could just get the e-mail message itself **for my records**, that would be great.

Thanks, and **sorry for asking you to resend**.

Best regards,

Karen

Vocabulary

- capacity／容量
- accidentally／誤って
- delete／〜を削除する
- archive／〜をアーカイブする（複数のファイルを一つにまとめること）
- save／〜を保存する
- include／〜を含める

37 相手に何かをお願いしたいとき

定型表現

I have a big favor to ask of you.

件名： 猫は好き？

こんにちは、サキ

厚かましいお願いごとがあります。 来週末の4日間、私は母や姉と一緒にバーモントにいる祖母に会いに行きます。私の留守中、私の猫のフラッフィーとティミー**の様子を見に来てもらえないでしょうか**。急なお願いなのは分かっていますが、**もし助けてもらえたら、本当にありがたいです。** 金曜日に出発し、月曜日の夕方に戻ってきます。猫たちの様子を土曜日と日曜日に見に来てもらえたら、**恩に着ます。必ずこのお礼はします。**

お知らせください。

カレン

追伸：うちの猫たちがどんなに魅力的で可愛いか、話に出しましたっけ？

Check! favorを使った表現です。□ Would [Could] you do me a favor?「お願いを聞いていただけますか」 □ May I ask a favor of you?＝May I ask you a favor?「お願いをしてもよろしいでしょうか」

> **ここ が ポイント** 人にお願いごとをするときは、文中にある控えめな表現
> I was wondering if you could ~. / I'd really appreciate it if you
> could ~. / If you could ~, I would be in your debt. などが定番です。
> 友達に軽い頼みごとをする場合には、Will [Can] you do me a favor? で構
> いませんが、やはりお願いごとは丁寧にお願いするのが最善の方法でしょう。

Subject: **Do you like cats?**

Hey Saki,

I have a big favor to ask of you. I'm going to be visiting my grandmother up in Vermont with my mother and sister next weekend for four days. **I was wondering if you could look in on** my cats Fluffy and Timmy while I'm away. I know it's a sudden request, but **I'd really appreciate it if you could help me out**. I'll be leaving on Friday and coming back on Monday evening. If you could look in on them on Saturday and Sunday, **I would be in your debt**. **I promise to make it up to you.**

Let me know.

Karen

P.S. Did I mention how adorably cute they are?

Vocabulary

- look in on ～／～の様子を見に訪ねる
- help ～ out／(困っている)～を助ける
- be in *someone's* debt／～に借り[恩]がある
- mention／～を話に出す、～に言及する
- adorably／ほれぼれするほど

38 クリスマスのあいさつを送る

定型表現

Merry Christmas!

件名： メリークリスマス!

リサへ

日本から、メリークリスマス! ご家族と素晴らしいときを過ごされていることでしょう。私もそこで一緒にお祝いできればいいのですが。というのも、日本でもクリスマスは確かにあるのですが、依然として普通の仕事日扱いです。飾り付けをしたり、音楽を流したりはしますが、祝日気分と呼べるようなものはありません。

とにかく、来月戻ったときに、あなたにお目にかかるのを楽しみにしています。ご家族に「クリスマスおめでとうございます!」とお伝えください。そして、もしも年が変わる前にお話しできないようであれば、よいお年をお迎えください!

愛を込めて

マリ

Check! I wish you a merry Christmas.「クリスマスおめでとう」は、「どうぞよいクリスマスをお迎えください」という意味としても使用されます。その他の表現も覚えておくと便利です。
☐ Wishing you a merry Christmas.　☐ Best wishes for the holiday season.

> **ここ が ポイント** 相手の宗教が分からない場合は、Happy Holidays! / Season's Greetings!などの表現を使いましょう。Wishing you a happy and prosperous New Year.「幸多い新年を迎えられますように」など、年末年始のあいさつも添えるのが一般的です。文中のI wish I could be there ~は、実現が困難な願望を表す仮定法です。

Subject: **Merry Christmas!**

Dear Lisa,

I wanted to wish you a merry Christmas from Japan! I hope you're having a wonderful time with your family. **I wish I could be there celebrating with you**, because while we do have Christmas in Japan, it's still treated as a normal workday here. We have the decorations and music, but not the holiday spirit you could say.

Anyway, I'm looking forward to seeing you **when I get back next month**. Tell your family "Merry Christmas!" for me, and if I don't talk to you before next year, **have a happy New Year**, too!

Love,

Mari

Vocabulary

- while／~である一方
- treat *A* as *B*／AをBとして扱う
- workday／平日、仕事日
- decoration／装飾、(複)飾り物
- holiday spirit／ホリデー精神（祭日、祝日を心から楽しむ意識や気分のこと）

39 携帯電話番号の変更を知らせる

定型表現

I wanted to let you know that 〜

件名：　新しい仕事用携帯番号

マイクへ

仕事用電話の携帯電話番号が新しくなったことをお知らせいたします。これからは、私の連絡先は090-1234-5678となります。以前の番号はもう使用しませんので、適宜、記録を更新してください。

いつものように、もし何かあれば、電話かEメールでいつでもお気軽にご連絡ください。

敬具

アツシ

> **ここ が ポイント** You can reach me at 090-1234-5678. のように、能動態で表現することもできます。いずれの場合も、電話番号は前置詞atに続けましょう。この他、My cell phone number has changed.「携帯番号が変わりました」やPlease disregard my previous number.「以前の番号は使わないでください」なども定番表現です。

Subject: **New Work Cell Number**

Dear Mike,

I wanted to let you know that I have a new cell phone number for my work phone. From now **I can be reached at 090-1234-5678**. **The previous number is no longer in use**, so please update your records accordingly.

As always, **please feel free to contact me at any time**, whether by phone or e-mail, should you have anything you need.

Best regards,

Atsushi

Vocabulary

- cell phone／携帯電話
- from now (=from now onward)／今後、これからは
- reach／(電話などで)〜と連絡を取る、〜と接触する
- previous／前の
- in use／使用されて
- feel free to 〜／遠慮なく〜する

40 引っ越しを知らせる

定型表現

Please be aware of the change ~

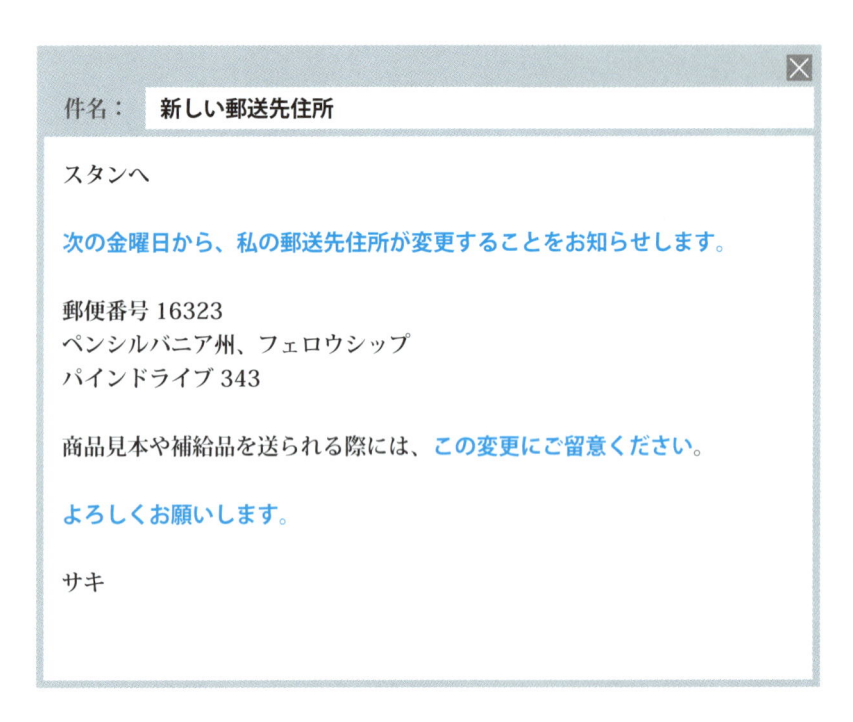

件名： **新しい郵送先住所**

スタンへ

次の金曜日から、私の郵送先住所が変更することをお知らせします。

郵便番号 16323
ペンシルバニア州、フェロウシップ
パインドライブ 343

商品見本や補給品を送られる際には、この変更にご留意ください。

よろしくお願いします。

サキ

ここ が ポイント Below is my new mailing address.「下記が新しい住所です」やMy new mailing address is as follows:「新しい住所は次のとおりです：」などの表現もあります。住所表記は、狭いエリア(「〜丁目〜番地」など)から始め、次に市町村名、最後に一番大きいエリアの名称(日本なら都道府県名、外国なら州名など)、そして郵便番号の順に書きます。

Subject: **New Mailing Address**

Dear Stan,

I just wanted to let you know that come next Friday my mailing address will be

343 Pine Drive
Fellowship, PA 16323

Please be aware of the change when sending me samples and supplies.

Thanks in advance.

Saki

Vocabulary

- mailing address／郵便住所
- come／来るべき、次の
- be aware of 〜／〜を承知している
- sample／商品見本
- supply／補給品

41 売り込みをする

定型表現

Our products have been favorably reviewed by ～

件名： ホライズン研究所で飛散防止フラスコを

スウィーニー様

私は、Re-Solutions社の設立者であり製品開発所長です。私は、実験室で働く者たちが直面している最も大きな課題、つまり耐久性があって購入が可能な実験用備品を入手することを解決するために、会社を設立いたしました。元実験室技術者として、フラスコ、バーナー、スポイトのような品目に支払われる金額を知っております。私はまた、それらのほとんどの品質が、耐えられないほどであることも知っております。

Re-Solutions社では、全ての実験室用備品が現実の使用状況下で、実際に実験室で働く技術者により立案され検証されます。我が社の製品は、Chemistry Assistant(www.chemistry-assistant.com/review/101214_UnbreakableFlasks)のような大手通商サイトの大多数から、好ましい評価をいただいております。

我が社の製品の実演をさせていただき、実験室の備品で直面されている課題をホライズン研究所から学ばせていただければ幸いです。

ヒロ・ヤマグチ

Vocabulary

□ acquire／～を得る　　□ durable／耐久性のある　　□ demonstration／実演

> **ここが ポイント** 初めて送る売り込みメールは、簡単な自己紹介や会社説明から始めましょう。そこで、自社が他社と比較してどのように違うのか、また、自社の製品がどのような点で優れているのかを相手にアピールしなければなりません。説得力をもたすために、利用者からの評価などを挙げるとよいでしょう。最後は、相手側が次の行動に出ることを促す一文で締めくくります。

Subject: **Shatterproof Flasks at Horizon Labs**

Dear Ms. Sweeney,

I am the founder and lead product developer for Re-Solutions. **I founded the company in order to solve the biggest challenge facing lab workers**: acquiring affordable and durable lab equipment. As a former lab technician,
I know the amount of money that gets spent on items like flasks, burners, and droppers. I also know that the quality of most of those items is below what
I found acceptable.

At Re-Solutions, **all our lab equipment is designed and tested** by actual lab technicians, **under real work conditions**. **Our products have been favorably reviewed by** a majority of the major trade sites like Chemistry Assistant (www.chemistry-assistant.com/review/101214_Unbreakable Flasks).

I would be happy to give you a demonstration of our products and learn from Horizon Labs about the challenges you face with your lab equipment.

Best regards,

Hiro Yamaguchi (Mr.)

42 資料・カタログを請求する

定型表現

I would like to request a copy of your catalogue ～

件名： **カタログ請求**

関係者の方へ

貴社のホームページ上の情報を検討させていただいた後で、価格設定が分かる**カタログを一部ご送付していただきたいと思っております。**

弊社は、日本の福岡にある小さな会社で、製品のためのオーダーメードの部品を必要としています。貴社は、我々が必要としている部品をお持ちのようです。**全製品と価格のリストをお送りいただければ、大変ありがたく存じます。**

よろしくお願いします。

サキ・ナカムラ

Check! 「オーダーメード」は和製英語です。「オーダーメードの」という表現には、made-to-orderやcustom-madeも使います。

> **ここ が ポイント** まずは、どのような資料を送ってほしいのかを明確に述べなければいけません。ただ、その際、どのようにして先方のことを知ったのかも伝える必要があります。また、自社がどのような会社であり、どうしてその資料が必要であるのかも簡単に説明しましょう。請求するときは、I want to 〜 では失礼ですので、I would like to 〜 などの丁寧な表現を使います。

Subject: Catalogue Request

Dear Sir or Madam,

After reviewing the information on your company's homepage, **I would like to request a copy of your catalogue** to learn about your pricing.

We are a small company in Fukuoka, Japan, and we need custom parts for our products. Your company looks like it has the parts we need. **If you could send me a complete product and price list I would greatly appreciate it.**

Thanks in advance.

Saki Nakamura (Ms.)

Vocabulary

- **review** ／〜を検討する
- **a copy of 〜** ／（本・雑誌などの）一部、一冊（two copies of your catalogue「貴社のカタログを2冊」）
- **pricing** ／価格設定
- **custom** ／オーダーメードの、注文の（custom shoes「あつらえた靴」）

43 商品の問い合わせをする

定型表現

I am writing to you to inquire about ～

件名： 貴社サービスについての問い合わせ

関係者様

貴社のテレビ会議機器についてお尋ねしたいと思い、メールさせていただいております。貴社のウェブサイトから、ご提供されている様々なタイプの設置や個々の装置の価格などは分かります。私が知りたいのは、我が社の名古屋のオフィスに5台、サンディエゴのオフィスに4台設置するためにかかる費用についてです。

何かお勧めがございましたら、それもお伺いしたいです。

お時間をいただき、ありがとうございます。

サキ・ナカムラ

> **ここが ポイント** まずは、どの製品に関しての問い合わせかを明確に述べます。そして、先方のその製品をどこで知ったのかが分かるような文で、知りたいことは何かを具体的に、相手にしっかりと伝わるように述べましょう。また、他に知りたいことがあれば、I would also like to hear/know ～という表現を使って尋ねることもできます。

Subject: Inquiry about Your Services

Dear Sir or Madam,

I am writing to you to inquire about your video conferencing equipment. I can see from your website the different kinds of setups you offer and the prices of the individual units. **I would like to know the cost** to set up five units in our Nagoya office and four units in our San Diego office.

If you have any recommendations, I would also like to hear them.

Thank you for your time.

Saki Nakamura (Ms.)

Vocabulary

- inquiry／問い合わせ
- inquire about ～／～について尋ねる
- video conferencing／テレビ会議
- equipment／機器
- setup／設置、設定
- individual／個々の
- unit／装置、設備
- set up ～／～を設置する
- recommendation／推薦、勧め

44 問い合わせへ返答する

定型表現

Thank you for taking the time to contact us.

件名： **Re: 貴社サービスについての問い合わせ**

ナカムラ様

お時間を割いてご連絡していただき、ありがとうございます。いろいろなタイプの取り付け価格分類が載っている**パンフレットを添付いたしました。お望みに最大限お応えできるようなサービスを提供させていただきたいと思っております。**もしもご希望でしたら、セールス担当の者が、貴社のサンディエゴと名古屋のオフィスにお伺いして、ご利用になれるサービスについてのご案内、及び無料のお見積もりをさせていただきます。

今後、お取引させていただきますよう、お待ち申し上げております。

敬具

サマンサ・マーズ

Check! 「パンフレット」の意味では、普通brochureを使います。英語のpamphletは「小冊子」の他、「時事問題などの小論文、論説」という意味です。

ここがポイント まずは、問い合わせに対するお礼を述べ、次に問い合わせについての具体的な返答をしていきましょう。相手が積極的な行動にでるような提案などを加えて、最後に取引が上手くいくことを望む一文で結びます。「〜を添付してあります」には、Attached is a brochure.というような定番表現がありますが、これは、強調のためにattachedが文頭に来た倒置文です。

Subject: Re: Inquiry about Your Services

Dear Ms. Nakamura,

Thank you for taking the time to contact us. I've attached a brochure that gives price breakdowns for different types of installations. **We would like to offer you the service that fits your needs best.** If you'd like, I can arrange to have representatives visit your San Diego and Nagoya offices to provide you with a free estimate, as well as guidance on all our available services.

I look forward to doing business with you in the future.

Best regards,

Samantha Mars

Vocabulary

- brochure／パンフレット
- breakdown／分類、内訳
- installation／取り付け
- fit／〜に合う
- representative／販売員
- provide／〜を与える
- estimate／見積もり
- guidance／案内
- available／利用できる
- do business with 〜／〜と取引をする

45 返信を催促する

定型表現

Since I have not heard back from you, 〜

件名： 2月3日送信の問い合わせ

ノムラ様

数週間前、海外の顧客への御社のサービスについて尋ねるEメールを送らせていただきました。お返事をまだいただいておりませんので、私が送信いたしましたEメールを受け取られたかどうかを確認させていただきたいと思いました。以下に、元のメッセージがございます。

ご都合がつき次第、ご連絡いただけたらと存じます。

敬具

マイケル・ペイジ

> **ここ が ポイント** 自分がいつ送信したメールへの返事が来ないのかを明確に伝えましょう。この場合、相手を責めているような表現を使用しないよう注意してください。自分が送ったメールが相手に届いたかどうかを尋ねるようにします。Could you please let me know if <u>the e-mail has reached you</u>? というように、e-mailを主語にして表現すると更によいでしょう。

Subject: **Inquiry Sent on February 3**

Dear Ms. Nomura,

I sent an e-mail to you a couple of weeks ago inquiring about your services for international clients. **Since I have not heard back from you, I wanted to know if you received the e-mail I sent.** Below you'll find the original message.

I hope to hear from you **at your earliest convenience**.

Sincerely,

Michael Page

Vocabulary

- a couple of 〜 (=a few of 〜)／2、3の〜
- client／顧客
- hear back from 〜／〜から返事をもらう
- below／下に、以下に
- original／元の
- at *someone's* convenience／〜の都合の良い時に

46 資料・カタログを受け取る

定型表現

I received the brochures and catalogues ～

件名： **Re: 製品とサービスについての問い合わせ**

フォスター様

お送りいただきましたパンフレットとカタログを受け取りました。ありがとうございます。それらに目を通して、上司たちと話し合います。我々は、特にデータベース管理のソフトウェアに関心があります。

我々のニーズに最も合うサービスがどれであるかを検討してから、ご連絡いたします。

資料をお送りいただき、重ねてお礼申し上げます。

敬具

サキ・ナカムラ

> **ここ が ポイント** 資料を受け取ったことを最初に報告します。それから、どの商品に興味を持ち、いつ頃にまた連絡をするのかを伝えましょう。「〜をしてから、ご連絡いたします」の表現には、Let me get back to you after 〜 もあります。最後に、資料を送ってもらったことに感謝する一文を添えることを忘れないでください。

Subject: Re: Inquiry about Products and Services

Dear Mr. Foster,

I received the brochures and catalogues you sent to us. Thank you. I will be looking over them and discussing them with my superiors. We are particularly interested in your database management software.

I will be in touch **after we have reviewed which of your services best suits our needs**.

Thanks again for sending us the materials.

Sincerely,

Saki Nakamura

Vocabulary

- look over 〜／〜に目を通す
- discuss／〜について話し合う（×discuss about 〜としない。discussは他動詞）
- superior／上司、先輩
- be interested in 〜／〜に興味がある
- management／管理
- suit／〜に合う
- needs／ニーズ、必要なもの（通常、one's needsとなる）
- material／材料、[複]資料

47 見積もりを依頼する

定型表現

I would like to receive an estimate for 〜

件名: **見積もり請求**

ジョンへ

我々が作った映像を使用してのプロモーションビデオ制作の見積もりをしていただきたいです。

ビデオの長さ：2分30秒
音楽：必要
ロゴの制作：不要
特殊効果：必要に応じて

我々が求めているもののアイデアを分かっていただくため、我が社が昨年ある製品のために作ったビデオと、ストーリーボードを添付しております。

ご質問がございましたら、お知らせください。

敬具

サキ

ここ が ポイント 最初に、何に関する見積もりをして欲しいのかを明確に述べます。具体的な要望があるときは、そのことも明記しますが、その場合、下記のような項目別の箇条書きを用いると簡潔に伝わります。箇条書きの書き方は、項目の次にコロン(:)を付け、説明箇所は主語や動詞を省きます。(<u>Music</u>《←項目》:《←コロン》 <u>Required</u>《←~~Music is~~ required》)

Subject: **Request for an Estimate**

Dear John,

I would like to receive an estimate for the creation of a promotional video using footage we've created.

Length of video: 2:30 min.
Music: Required
Logo creation: Not required
Special effects: As needed

Attached you'll find the storyboards, as well as a video we made for one of our products last year to give you an idea of what we're looking for.

Please let me know if you have any questions.

Sincerely,

Saki

Vocabulary

□ footage／映像
□ length／長さ
□ special effect／特殊効果
□ storyboard／ストーリーボード、絵コンテ

48 見積もり条件を提示する

定型表現

The pricing is as follows: ～

件名： **Tシャツのお見積もり**

ナカムラ様

貴社の宣伝用Tシャツご注文のご連絡をいただき、ありがとうございます。価格は以下の通りです。

品物：綿100％Tシャツ(白)×50
単価：3ドル
プリント料金：2ドル／シャツ1枚
配送料金：海外どこへでも50ドル
合計：300ドル

両面プリントでも、追加料金なしということ**をお知りおきください**。色を混ぜるのにも追加料金はいらず、注文したシャツの枚数分だけの料金となります。

ご質問がございましたら、お知らせください。**初めてのご注文を承りますよう、お待ち申し上げます。**

アレックス・ケバート

Check! as follows「次の通りに」は、主語や時制にかかわらず、いつもfollowsとします。

> **ここ が ポイント** 見積もり依頼へのお礼の一文から始めます。見積もりの詳細を簡潔に述べるために、項目別の箇条書きを使用するとよいでしょう。この箇条書きの前置きとして、The pricing is as follows:のように、"as follows:"を定番表現としてよく使います。見積もりの条件、または相手にとって魅力的な情報があれば、取引に有利となりますので、もれなく書きましょう。

Subject: Quotation for T-shirts

Dear Mr. Nakamura,

Thank you for contacting us about ordering promotional T-shirts for your company. The pricing is as follows:

Item: 100% cotton T-shirts (white) × 50
Unit price: $3
Printing: $2/shirt
Shipping: $50 to all overseas destinations
Total: $300

Please note there are no additional costs for double-sided printing. There is also no additional cost for mixing colors, only the number of shirts ordered.

Please let me know if you have any questions, and **I look forward to helping you with your first order.**

Sincerely,

Alex Kebert

Vocabulary

□ quotation for 〜／〜の見積もり
□ cotton／綿
□ overseas／海外の
□ destination／目的地、運送先

49 見積もりを断る

定型表現

Unfortunately, 〜

件名： Re: 見積もり依頼

フォスター様

弊社の携帯プロジェクターについてお問い合わせいただき、ありがとうございます。あいにく、お尋ねのモデルは製造中止となっております。もしも類似のモデルをご所望であれば、機能性は全く同じであり、ご希望であったモデルと価格の点でも近いAP-30Sをお勧めいたします。いかなるご注文でも30台以上であれば、お値引きをさせていただきます。

ご迷惑をおかけしまして申し訳ございません。弊社の他の高品質な製品をご提供できることを願っております。

敬具

ヒロシ・ノムラ

ここ が ポイント 見積もりの依頼が来ている商品が、製造中止になっている場合のメールです。この場合も、問い合わせのお礼文からまず始め、次に、見積もりができないことを明確に伝えましょう。ただ、マナーとして、丁寧な表現を使用することと、見積もりができない理由を説明することが大切です。もしも代案があるならば、それを提示しましょう。最後には、要望に応えられないことを謝る一文を添えます。

Subject: Re: Request for an Estimate

Dear Mr. Foster,

Thank you for inquiring about our portable projectors. **Unfortunately, the model you have requested has been discontinued. If you would like a similar model, I would recommend** the AP-30S as it is identical in functionality and is close in price to the model you desired. **We can still apply a discount to any orders of at least 30 units.**

I apologize for the inconvenience, but I hope we can provide you with one of our other quality products.

Sincerely,

Hiroshi Nomura

Vocabulary

- portable／持ち運びできる
- unfortunately／あいにく、残念ながら
- discontinue／(製造など)を中止する
- recommend／〜を推薦する
- identical／同一の、等しい
- functionality／機能性
- close to 〜／〜に似かよった
- quality／上質の、すばらしい

50 見積もり条件を交渉する①

定型表現

if you were to reduce your pricing 〜

件名： **Re: 製品の評価依頼**

クラーク様

貴社の新しいヘッドホンの見本を頂戴し、また質問にお答えいただきありがとうございます。

我々が行った市場調査からすると、**もしも価格を10-15パーセント引き下げるなら、日本における貴社の製品はよりお買い得なものとなる**と思われます。貴社の品質へのこだわりは理解しておりますので、素材の変更を求めることはいたしません。おそらく、材料費を捻出するために生産高を伸ばすことを検討したり、あるいは**工場からの輸送費用を削減する方法を見つける**といったことができるでしょう。

ご意見をお知らせください。**その件に関しまして、喜んでできる限りのアドバイスをさせていただきます。**

アツシ・ナカムラ

Vocabulary

- query／質問(questionよりも堅い語)
- conduct／〜を行う
- competitiveness／お買い得さ、競争力
- commitment／こだわり、傾倒
- alter／〜を変更する
- look into 〜／〜を調査する
- output／生産高
- save on 〜／〜を節約する
- source／もと、起源
- material／原料

> **ここがポイント** 市場調査依頼への返信メールです。市場調査結果からの提案は、断定的な表現を避け、We believe your product would find ~ if you were to reduce ... / Perhaps you could ~のように、可能性があることを含む表現を使いましょう。あくまでも、相手の方針を尊重しつつ、相手に決定権があると感じられる文であることが重要です。

Subject: **Re: Product Review Request**

Dear Mr. Clark,

Thank you for providing us with samples of your new headphones, and for answering our queries.

Based on the market research we conducted, we believe **your product would find more competitiveness in Japan if you were to reduce your pricing** by 10-15 percent. I understand your commitment to quality, so we would not ask you to alter the materials. Perhaps you could look into increasing the output to save on source materials, or **find ways to reduce export costs from your factory**.

Let us know what you think. **We will be happy to provide any advice we can on the matter.**

Sincerely,

Atsushi Nakamura

51 見積もり条件を交渉する②

定型表現

I have a question regarding price.

件名： 価格設定についての問い合わせ

拝啓

御社のウェブサイトに掲載されている多機能オフィス用コピー機について、メールを書いております。**価格に関して、質問がございます。**コピー機AB-MF600が2,100ドルであるのに対し、コピーA-MF400は1,799ドルとなっております。両方の製品の詳細を見てみましたが、**2つのモデルに大きな違いは見受けられませんでした。**AB-MF600が、A-MF400よりも300ドル高いの**には何か理由があるのでしょうか。**

お返事をお待ちしております。**よろしくお願い致します。**

敬具

アツシ・ナカムラ

Check! I have a question regarding 〜「〜について質問があります」、I am writing about 〜「〜について書いております」は定番表現です。

> **ここが ポイント** まずは、どこで見たどの商品についてかを明確にしましょう。それから尋ねたいことは何であるかを具体的に述べ、最後にその件についてどうして欲しいかを言います。I would like to know about 〜「〜について知りたいのですが」、I am writing to inquire about 〜「〜についてお尋ねしたいと思い書いております」という表現も使えます。

Subject: **Pricing Inquiry**

Dear Sir or Madam,

I'm writing about the multifunction office copiers I saw listed on your website. **I have a question regarding price.** The A-MF400 copier is priced at $1,799, while the AB-MF600 copier is $2,100. When looking at the product details for both, **I could not find any major differences between the two models**. **Is there a reason why** the AB-MF600 costs $300 more than the A-MF400?

I look forward to your answer, and **thank you in advance**.

Sincerely,

Atsushi Nakamura

Vocabulary

- **multifunction**／多機能の
- **copier (=photocopier)**／コピー機
- **be priced at 〜**／〜の値段を付けられている
- **detail**／詳細
- **major**／大きな
- **cost**／（費用が）かかる、〜の値段である

133

52 見積もり条件を交渉する③

定型表現

Would you be able to 〜?

件名： **送料の割引**

クラーク様

3月9日の注文に関してお願いがございます。 S-23232とTR-001の2つの商品を追加注文したいのです。前回の注文にこれらの商品を加え、発送をまとめて1つに**していただくことはできますでしょうか。** これにより3月9日の注文の発送が遅れるということがありましても、その点は問題ございません。

ご都合がつき次第、このことが可能かどうかをご連絡ください。

敬具

アツシ・ナカムラ

Check! I have a request regarding 〜「〜について要求[要望]がございます」は定番表現です。

> **ここ が ポイント** いつの注文について要望があるのかを明確にしてから、その内容について具体的に述べましょう。Would you be able to ～?は、Would you ～?よりも丁寧な表現になります。ただ、Could you ～?とはニュアンスが異なり、相手にやってもらうことを前提として、それが可能であるかを尋ねることになります。

Subject: Discount on Shipping

Dear Mr. Clark,

I have a request regarding my March 9 order. I want to order two additional items, the S-23232 and the TR-001. **Would you be able to** add them to that last order and consolidate the shipping? If this would delay shipment of the March 9 order, I would have no problem with that.

Please let me know if this is possible at your earliest convenience.

Sincerely,

Atsushi Nakamura

Vocabulary

- consolidate／～をまとめて1つにする
- shipping／出荷、発送、輸送料
- delay／～を遅らせる
- shipment／発送

53 見積もりの条件交渉に応じる

定型表現

We understand your concerns about pricing.

件名： **Re: 注文に関する問い合わせ**

アツシ様

Comms Worldへのご注文に関するお問い合わせをいただき、ありがとうございます。価格設定についてのお尋ねと存じます。ご注文品の数量から判断しまして、ご注文全体に10%のお値引き（税抜）をご提示させていただくつもりでおります。このご提示価格により、Comms Worldが他の納入業者に引けを取らないとお分かりいただけることを願っております。

いつも変わらぬご愛顧を賜りまして、ありがとうございます。今後ともご用を承りますようお願い申し上げます。

敬具

シャノン・ヘンドリックス

> **ここ が ポイント** 「問い合わせメール」への返信ですので、問い合わせへのお礼を述べることから始めます。そして、問い合わせ内容の確認の一文を述べて、それから具体的な返答を述べていくようにしましょう。continued patronage は、「変わらぬご愛顧[お引き立て]」という意味です。「取引へのお礼」と「今後の取引をお願いする」文で終わるところは、日本語のメールと変わりません。

Subject: Re: Order Inquiry

Dear Atsushi,

Thank you for inquiring about placing an order with Comms World. **We understand your concerns about pricing.** Given the volume of your order, we are prepared to offer you **a discount of 10% on the entire order (tax exclusive)**. We hope you find this offer puts Comms World on a competitive standing with other vendors.

We thank you for your continued patronage, and look forward to serving you in the future.

Best regards,

Shannon Hendricks

Vocabulary

- place an order／注文をする
- given／〜を考慮に入れると
- volume／量
- offer／〜を提供する、提示する
- entire／全体の
- exclusive／〜を除いた (the price exclusive of tax「税抜き価格」)
- competitive／他に負けない
- vendor／納入業者
- patronage／ひいき、愛顧

54 見積もりの条件交渉を断る

定型表現

We cannot offer you a discount.

件名： **Re: 注文に関する問い合わせ**

アツシ様

Comms Worldへのご注文に関するお問い合わせをいただき、ありがとうございます。価格設定についてお知りになりたいと承っております。残念ながら、ご注文の数量を考慮に入れたとしても、割引のご提供はできません。弊社の商品は、出来る限り他社に負けない安い価格を付けております。弊社の価格は、ご提供する品質に対してご提示できる一番お得なお値段となっております。

弊社の商品にご興味を持っていただきましたことに、再度お礼申し上げます。業務上必要なものに関しまして、ご用を承りますことをお待ち致しております。

敬具

シャノン・ヘンドリックス

Check! We regret that we are unable to ～「残念ですが～することはできません」は、より丁寧な表現です。これも一緒に覚えておきましょう。

> **ここがポイント** 問い合わせメールへの返信は、相手の要望に応えられない場合でも、まずはお礼から始めましょう。そして、応えられないことを相手に伝えるわけですが、やはりマナーは重要です。文中にあるUnfortunatelyやWe are sorry to say that 〜などの「残念だ」という気持ちの表現を使うと効果的です。そして、要望に応えられない理由を説明することも大切なマナーの一環です。

Subject: Re: Order Inquiry

Dear Atsushi,

Thank you for inquiring about placing an order with Comms World. We understand your concerns about pricing. Unfortunately, **even given the volume of your order, we cannot offer you a discount**. All our products **are priced as competitively as possible**. Our pricing reflects the best value we can offer for the quality we provide.

Thank you again for your interest in our products, and **we look forward to being able to serve you for all your business needs**.

Best regards,

Shannon Hendricks

Vocabulary

- competitively／他に負けず、競合的に
- reflect／〜を示す、〜を表す
- the best value／一番のお得、最良値
- business needs／業務ニーズ

55 商品を発注する

定型表現

I would like to place an order for the following items.

件名： 発注

フォスター様

貴社のサイトにある商品説明を明確にしていただき、ありがとうございました。

以下の商品を注文させていただきたいと思います。

商品：RZ800コンピュータ・スピーカー
台数：20
価格：1台39.99ドル

商品：TU-9ワイヤレス・ヘッドホン
台数：5
価格：1台299.99ドル

請求書をお送りくだされば、明細に記されている支払いを承認いたします。

マリ・ササヤマ

Check! 「次の商品を注文します」には、I [We] would like to place the following order. や I [We] would like to order the following. という表現もよく使われます。

ここ が ポイント 商品の説明や見積もりをしてもらった場合は、そのお礼の一文から始めましょう。次に、注文したいものを述べますが、ここは例文メールの定番表現、もしくは I am [We are] pleased to place an order as follows:などを使い、その下に箇条書きというのが一般的です。as follows の後には、コロン(:)を忘れず付けましょう。

Subject: Purchase Order

Dear Mr. Foster,

Thank you for clarifying the item descriptions on your site.

I would like to place an order for the following items.

Item: RZ800 Computer Speakers
Quantity: 20
Price: $39.99 per unit

Item: TU-9 Wireless Headphones
Quantity: 5
Price: $299.99 per unit

Please send us an invoice and we will approve payment as specified.

Sincerely,

Mari Sasayama

Vocabulary

☐ clarify／〜を明らかにする
☐ description／説明
☐ approve／〜を承認する
☐ specify／〜を明細書に記入する

56 受注を確認する

定型表現

We will ship your order as soon as payment is confirmed.

件名： **Re: 発注**

ササヤマ様

12月10日のご注文をありがとうございます。

添付の送り状で、送料を含む合計金額をご確認していただけます。注文書番号は、DEC134098です。お支払いが確認でき次第、ご注文品を発送させていただきます。ご質問がございましたら、お気軽にご連絡ください。

ご注文をいただき、重ねてお礼申し上げます。音響機器で必要なものがございましたら、ご用を承りますようお願い申し上げます。

敬具

イアン・フォスター

Check! the attached invoice「添付された送り状⇒添付の送り状」のように、attachedの後に名詞を置くことで「添付の〜」と表現できます。また、order number「注文書番号」の他に、reference number「問い合わせ番号」、confirmation number「確認番号」などの番号もあります。

> **ここ が ポイント** いつの注文であるかを明確にして、注文のお礼を述べます。そして、注文内容の確認と発送に関する条件を書きましょう。Your order will be shipped upon confirmation of your payment.とも表現できますし、本文の一部分を替えて～ as soon as we receive your payment.ともできます。

Subject: Re: Purchase Order

Dear Ms. Sasayama,

Thank you for your order on December 10.

In the attached invoice you will find the total cost, including shipping. Your order number is DEC134098. **We will ship your order as soon as payment is confirmed.** Please feel free to contact me **should you have any questions**.

Thank you again for your order, and we look forward to serving you for all your audio needs.

Sincerely,

Ian Foster

Vocabulary

- total cost／総額
- shipping／輸送料
- ship／～を発送する
- confirm／～を確認する

57 注文を変更する

定型表現

We would like to make a change to 〜

件名： **6月13日の注文**

トム様

6月13日の注文(＃1345245)を変更させていただきたいと思っています。スキャナーがあと5台、タッチペン付の書き込み式タブレットがあと1台必要です。

このことが配達日に影響するかどうかをお知らせください。もし影響するのであれば、発送を別にしていただくことをお願いするかもしれません。

敬具

サキ

Check! We would like to ask you to make an alteration to our June 13 order (#1345245). とも表現できます。

ここがポイント どの注文を変更したいのか、発注日と注文書番号を明記して、変更を求める一文(I [We] would like to make a change to 〜)から始めましょう。続いて、変更内容を具体的に述べます。最後には、変更が可能であるかを尋ねたり、また何か情報として知りたいことがあれば、そのことについての返答を求めたりする文を書きます。

Subject: June 13 Order

Dear Tom,

We would like to make a change to our June 13 order (#1345245). We need five more scanners and one more writing tablet with stylus.

Please let me know **if this will affect the delivery date**. If it does, **we may want to split the shipment**.

Best regards,

Saki

Vocabulary

- make a change／変更する
- scanner／スキャナー
- stylus／(コンピュータ関連の)タッチペン
- affect／〜に影響を及ぼす
- delivery date／配達日
- split／〜を分ける

58 注文をキャンセルする

定型表現

We will need to cancel the order.

件名： **6月13日の注文**

トム様

弊社の注文にいろいろとご助力いただき、ありがとうございます。**残念ながら、経営陣がそのプロジェクトの中止を決定しましたので、注文を取り消す必要が出てきました。**

このような土壇場でのメールをお詫び申し上げます。 私は、話し合った製品を使うことを楽しみにしておりました。

再度、**突然のお取り消しをお詫びいたします。今後、お取引のさらなる機会があることを願っております。**

敬具

サキ

Check! We regret to inform you that we must cancel our order of June 13.「残念ながら、6月13日付の注文をキャンセルしなくてはならないことをお伝え致します」とも言えます。

> **ここがポイント** まずは、手配をしてもらったことへのお礼から始めましょう。そして、キャンセルしたい商品の詳細とキャンセルしなくてはならなくなった理由を述べます。UnfortunatelyやI was looking forward to ~などの「残念だ」という気持ちが伝わる表現を使うことがポイントです。最後は、「これからもお願いします」という一文で結びましょう。

Subject: June 13 Order

Dear Tom,

Thank you for all your assistance with our order. **Unfortunately, management has decided to stop the project, so we will need to cancel the order.**

I apologize for the last-minute nature of this e-mail. I was looking forward to using the products we discussed.

Again, I'm sorry for **the sudden cancelation**, but **I hope that there will be more opportunities for us to do business in the future.**

Sincerely,

Saki

Vocabulary

- management／経営陣
- cancel／~を中止する
- last-minute／土壇場の、ぎりぎりの時間の

59 受注を断る

定型表現

We regret to inform you that ～

件名： **Re: 注文書番号3469オフィス・ルーターMD-39**

ナカムラ様

9月3日にオフィス・ルーター(MD-39モデル)を弊社にご注文いただき、ありがとうございました。

残念ながら、その商品はこの先も入荷いたしませんので、それについてはご注文品を配送することができないことをお知らせ致します。

その商品の代わりに、MD-203もしくはML-098をお勧めいたします。両方とも、貴社がお求めの物の代用品として最適です。下記のところから、その製品の情報に関するリンクを見つけていただけます。

ご注文の商品を配送できないことをお詫びいたします。今後も貴社のオフィス用品の納入をさせていただけますよう、お願い申し上げます。

リサ・モリス

Check! out of stock は「品切れで、在庫切れで」であり、その反対がin stock「在庫があって」です。なお、out of orderは「故障中で」という意味です。

ここ が ポイント 注文へのお礼を述べてから、商品が発送できないこと、そして、その理由を説明します。この時、どの商品についてかを明記して、丁寧な表現を心がけることを忘れないようにしましょう。文中のWe regret to inform you that ～は、Unfortunately, the item is ～と表現するよりも更に丁寧になります。また、代案がある場合は、そのことを提示することも重要です。

Subject: Re: Order #3469 Office Router MD-39

Dear Ms. Nakamura,

Thank you for ordering an office router (model MD-39) from us on September 3.

We regret to inform you that the item is permanently out of stock, and, as such, we cannot fill your order.

In its place we recommend MD-203 or ML-098, both great substitutes for your office needs. **You'll find links to the product information below.**

We apologize for not being able to fill your order, but we hope we can still be your supplier for office equipment.

Sincerely,

Lisa Morris

Vocabulary

☐ **permanently**／永久に
☐ **in *one's* place**／～の代わりに
☐ **substitute**／代用品
☐ **supplier**／供給業者、納入業者

60 商品の出荷を通知する

定型表現

We are pleased to inform you that your order has shipped.

件名： ご注文品を発送いたしました！

ナカムラ様

Office Unlimitedにご注文いただき、ありがとうございます。

ご注文品(＃3469)を発送しましたことをお伝えいたします。

お客様の確認番号は、HF79869SQ99DSです。7営業日以内に配達される予定です。こちらには自動的に受領の連絡が入りますので、商品が届いたときにお知らせいただくご心配はいりません。

お取引いただきまして、重ねて感謝申し上げます。

敬具

リサ・モリス

Check! Please confirm receipt of your order when it arrives.「注文品が届きましたら、受け取られたことをお知らせください」も覚えておくと便利な表現です。

> **ここが ポイント** 注文へのお礼、それから、発送のお知らせと続きます。この時、注文書番号の明記も忘れないようにしましょう。We are pleased to inform you that 〜は、発送のお知らせに限らず、報告する時によく使われる丁寧な表現です。次に、発送に関する詳細(確認番号、配達予定日、受領確認の連絡について)を書きます。最後は、注文へのお礼を再度述べて終わります。

Subject: **Your Order Has Shipped!**

Dear Ms. Nakamura

Thank you for ordering from Office Unlimited.

We are pleased to inform you that your order (#3469) **has shipped**.

Your tracking code is HF79869SQ99DS. **It is scheduled to arrive in seven business days.** We will automatically be contacted upon receipt, so **you don't have to worry about letting me know when it arrives**.

Thank you again for letting us be your business partner.

Best regards,

Lisa Morris.

Vocabulary

- ship／〜を発送する、発送される
- tracking／追跡
- code／番号
- business day／営業日、取引日
- upon receipt／受け取り次第
- business partner／取引先、提携先

61 商品の到着を連絡する

定型表現

Thank you very much for your speedy delivery and ～

件名： **Re: ID345423DDJ発送のご通知**

ケバート様

本日、当方が注文した商品が、オフィスに届きました。**迅速な配送と私のあらゆる質問にお答えいただいたことに、とても感謝しております。**

今後、貴社のサービスをまた利用させていただきたいと思っております。

敬具

ヒロ・ヤマグチ

Check! 次の2つの表現も覚えておくと便利です。 □ This is to inform you that we have received your shipment of #ID345423DDJ today.「#ID345423DDJの荷物を本日受け取りましたことをお知らせいたします」 □ We have received your shipment of #ID345423DDJ today.「本日、#ID345423DDJの荷物を受け取りました」

ここが ポイント 商品の到着を報告するメールですので、商品の受領を知らせる一文で始めます。このとき、注文書番号や確認番号も書きましょう。次に、配送された荷物の状態や、迅速な対応についての感謝を述べたりします。Thank you for your prompt delivery and courteous service.「迅速な配送と丁寧な対応に感謝いたします」は定番表現です。

Subject: Re: Notice of Shipment ID345423DDJ

Dear Mr. Kebert,

Our order arrived at our office today. **Thank you very much for your speedy delivery and for answering all my questions.**

We look forward to using your services again in the future.

Sincerely,

Hiro Yamaguchi

Vocabulary

☐ notice／通知

☐ speedy／迅速な

62 国際便に関する問い合わせへの返答
（送料が相手持ちになる場合）

定型表現

Items shipped overseas will not be eligible for free shipping.

件名： Re: 注文についての問い合わせ

ヤマグチ様

弊社の製品についてお問い合わせいただき、ありがとうございます。お尋ねの商品は、海外への発送が可能です。しかしながら、海外に発送される商品につきましては、送料無料が適用されません。海外への商品発送料金の一覧を添付しておりますので、どうぞご覧ください。ご覧のとおり、私どもは、価格と発送時間に関して多くの選択肢をご提示させていただいております。

他に何かご質問がございましたら、どうぞお知らせください。ご注文をお待ちいたしております。

敬具

マックス・ボムバスィ

Check! the fee for shipping items overseas「海外への商品発送料金」は、the charge for international shippingと表現することもできます。

> **ここ が ポイント** 「海外への商品発送が可能か」との問い合わせへの返信メールです。問い合わせのメールへのお礼に続いて、発送が可能であることをまず伝えます。次に、送料が相手側に請求されるような場合は、その詳細を述べます。送料に関する一覧表などがあればそれを添付するなど、相手に条件が明確に分かるようにしましょう。

Subject: Re: Order Inquiry

Dear Mr. Yamaguchi,

Thank you for inquiring about our products. The items you inquired about **can be shipped overseas**. **Items shipped overseas, however, will not be eligible for free shipping. Please view the attachment listing** the fees for shipping items overseas. **As you can see, we can offer you a variety of options in terms of pricing and shipping time.**

Please let me know if you have any other questions, and I look forward to receiving your order.

Sincerely,

Max Bombasi

Vocabulary

- overseas／海外へ
- be eligible for 〜／〜に対して資格がある、〜の対象である
- view／〜を注意深く見る
- fee／料金
- option／選択(肢)
- in terms of 〜／〜に関して

63 国際送金に関する問い合わせへの返答（手数料が相手持ちになる場合）

定型表現

A small fee will be charged ～

件名： **Re: 海外への送金**

ヤマグチ様

海外への送金の方法についてお尋ねいただき、ありがとうございます。私どもは、大きな金融団体から小さな銀行まで、**多数の金融機関へのご利用をご提供させていただいております。海外送金の場合は**、送金国に支払わなくてはならないかもしれない税金とは別に、**少額の手数料がかかります**。そのような取引のための規則や費用**について、いつでも喜んでご説明させていただきます**。

週日午前9時から午後6時の間にお電話くだされば、送金に必要な事項についての話し合いをさせていただけます。

敬具

マーク・サイデル

Vocabulary

- remittance／送金（方法）
- transfer／～を移す
- a large number of ～／大多数の～
- financial／金融（上）の
- institution／機関、組織
- range from *A* to *B*／AからBまで及ぶ
- entity／団体、事業体
- independent of ～／～とは別に
- remission (=remittance)／送金
- transaction／（業務の）処理、取引

156

ここが ポイント　「海外への送金方法について」の問い合わせに対する返信です。問い合わせへのお礼から始めて、送金方法の重要な点を明確に述べていきましょう。どの金融機関を利用して送金することができるのか、また、国際送金手数料を支払うのは誰であるなどは明記しなければなりません。ただし、下記のメールのように、fee「手数料」を主語にした柔らかい表現にすることが望ましいです。

Subject: Re: Overseas Remittance

Dear Mr. Yamaguchi,

Thank you for inquiring about **options for transferring money overseas**. **We offer access to a large number of financial institutions** ranging from large financial entities to small banking firms. **In the case of an overseas remittance, a small fee will be charged** independent of any taxes you may have to pay to the country of remission. **I would be happy to explain to you** the rules and costs for such transactions **at any time**.

Please call me weekdays between 9:00 A.M. and 6:00 P.M. and we can discuss your transaction needs.

Sincerely,

Mark Seidel

64 支払いを請求する

定型表現

Please remit the payment at your earliest convenience.

件名： **支払い請求（注文書番号35423-P2）**

ヤマグチ様

弊社にご注文いただきありがとうございます。下記の口座に、532.89ドルをご送金ください。

口座名義：J&C Corporation
口座番号：43259084
銀行名：First Bank
支店名：Dover

ご都合がつき次第、お支払いをご送金くだされば、ご注文品を発送いたします。

添付しております請求書は、貴社の記録用です。

お取引ありがとうございます。

マーク・サイデル

Check! savings account「普通預金口座」、checking account「当座預金口座」、remit 〜 by wire transfer「電子送金で〜を支払う」、balance「残高」、terms of payment「支払い条件」などもよく目にする関連語です。

> **ここ が ポイント** 注文のお礼を述べてから、請求額を送金して欲しい旨と振込先の詳細を明記します。このとき、下記のメールのように、箇条書きにするのが一般的です。Please note that your payment is due within 10 days of the invoice date.「お支払いの期限は、請求書の日付から10日以内となっております」などの条件も忘れずに提示しましょう。

Subject: Request for Payment (Order #35423-P2)

Dear Mr. Yamaguchi,

Thank you for placing an order with us. Please remit $532.89 **to the following account**:

Account holder: J&C Corporation
Account number: 43259084
Bank name: First Bank
Branch name: Dover

Please remit the payment at your earliest convenience and we will ship your order.

The attached invoice is for your records.

Thank you for your business.

Sincerely,

Mark Seidel

Vocabulary

- remit／(金銭)を送る
- holder／名義人
- branch／支店
- invoice／送り状(納品書と請求明細書の役割を兼ねる)
- for *one's* record(s)／記録用に、控え用に

65 支払いを催促する

定型表現

We have not yet received payment for ～

件名： [至急]支払い請求

ヤマグチ様

これは、3月3日のご注文(#49933)の催促状です。3月31日が支払い期限である230ドルのお支払いをまだいただいておりません。すぐに全額お支払いください。

既にご注文へのお支払いをされている場合は、この催促状はご放念ください。

敬具

ジェイコブ・タン

Check! reminderは重要単語です。This is a friendly reminder that your payment is overdue.「お支払いの期日が過ぎていることをお知らせいたします」のように用います。また、If payment has already been made, please disregard this reminder.のようにpaymentを主語にすると少し柔らかい表現になります。

> **ここがポイント** 商品が未払いであることをまず通知します。このとき、特定できるように注文日と注文書番号は忘れずに明記しましょう。次いで、未払いである金額と予定されていた支払日を再度伝え、至急に入金するように催促の一文を書きます。一通目の催促文は、相手が単に忘れていたという場合もあるので、強い表現は控えて、「行き違いの場合のお詫び」の一文を最後に付け加えます。

Subject: [Urgent] Request for Payment

Dear Mr. Yamaguchi,

This is a reminder for your March 3 order (#49933). **We have not yet received payment for** $230.00, which was due on March 31. **Please pay the full amount immediately.**

If you have already paid for your order, **please disregard this reminder**.

Sincerely,

Jacob Tan

Vocabulary

- urgent／大至急の、緊急の
- reminder／催促状、督促状
- due／支払い期日の来た
- disregard／〜を無視する

66 支払いを催促する

定型表現

Please pay the outstanding amount immediately.

件名： ［至急］支払い請求―請求書番号49933

ヤマグチ様

これは、3月3日ご注文のお支払いに関してお送りします3通目の催促状です。5月5日までにお支払いがなければ、10パーセントの遅延料が総額に加算されます。お支払いいただいていない総額を早急にお支払いください。

お支払いいただきましたら、通知を添えて、私にメールしてください。

敬具

ジェイコブ・タン

Check! 最後の催促状の場合は、This is the final reminder for your payment of ～「これは、～のお支払いについての最後の催促状です」のようになります。

ここ が ポイント 3度目の催促は、1度目の表現よりもかなり強いものになります。This is the third reminder 〜は、3度目と言うことによって、回数はもちろん、送り主の苛立ちが相手に表現されます。また、We would like to be notified by e-mail when payment is sent. とはせずに、下記のメールのようにE-mail me with notification 〜になるなど、きつい表現が使われます。

Subject: [Urgent] Request for Payment – Invoice #49933

Dear Mr. Yamaguchi,

This is the third reminder I am sending you regarding payment for your March 3 order. If payment is not received by May 5, **a late fee of ten percent will be added to your total**. **Please pay the outstanding amount immediately.**

E-mail me with notification once you have paid.

Sincerely,

Jacob Tan

Vocabulary

□ a late fee (=a late charge)／遅延料
□ outstanding (=unpaid)／未払いの
□ amount／総額
□ notification／通知

67 送金済みを通知する

定型表現
We have deposited ～

件名： **Re: 支払い請求（注文書番号35423-P2）**

サイデル様

4月8日に**ご指定された口座へ**532.89ドルを**入金いたしました。振替は2日以内に清算される**はずです。もしも何か問題や遅れるようなことがございましたら、お知らせください。

敬具

ヒロ・ヤマグチ

Check! a couple of ～の使い方を次の2つの例で確認しておきましょう。 □ in a couple of business days (working days)「2、3営業日内に」 □ in a couple of calendar days「2、3日内に」

ここ が ポイント 金額と日付を明記して、送金したことを報告する一文から始めましょう。それから、伝えておくべき情報を書き、なにか問題があれば連絡してもらうように頼みます。また、多くの場合、Please confirm receipt of the payment.「支払いを受領した旨お知らせください」と受領確認を送ってもらうよう要求します。

Subject: Re: Request for Payment (Order #35423-P2)

Dear Mr. Seidel,

We have deposited $532.89 **in the account you specified** on April 8. **The transfer should clear in a couple of days.** Please let me know if there are any problems or delays.

Sincerely,

Hiro Yamaguchi

Vocabulary

- deposit／〜を預金する
- account／(銀行の)口座
- specify／〜を指定する
- clear／清算される
- a couple of 〜／2、3の〜

68 送金の受領を通知する

定型表現

Our bank notified us that 〜

件名： **Re: Re: 支払い請求（注文書番号35423-P2）**

ヤマグチ様

お支払いを送金いただきまして、ありがとうございます。**指定金額が弊社の口座に入金されたと、銀行から通知がありました。**速やかにお支払いいただき、重ねて感謝申し上げます。今後とも、お取引いただきますようお願い申し上げます。

敬具

マーク・サイデル

Check! This is to inform you 〜だけでなく、This is to let you know 〜も通知文の出だしでよく使われるので、覚えておきましょう。⇒This is to let you know that we received your payment.「お支払いを受領しましたことをお知らせいたします」

ここ が ポイント 代金の受領を伝える表現として、「銀行より〜の通知がありました」がよく使われます。これは、下記の一文以外に、Our bank has advised us that 〜が定番表現です。ただ、この場合のadviseは、〈advise+人（目的語）+that節〉で「人に〜を通知する」との意味であり、「アドバイスをする」という意味ではありません。使い分けに注意しましょう。

Subject: Re: Re: Request for Payment (Order #35423-P2)

Dear Mr. Yamaguchi,

Thank you for remitting your payment. **Our bank notified us that the specified amount was credited to our account.** Thank you again for your prompt payment, and we look forward to doing business with you in the future.

Best regards,

Mark Seidel

Vocabulary

□ notify／〜に通知する
□ credit／（金額）を記入する
□ prompt／迅速な

69 商品が届かない

定型表現

The items have yet to arrive.

件名： 注文書番号96830についてのお問い合わせ

ノグチ様

9月29日に注文しました**商品が、まだ届いておりません。**10月10日に届く予定でした。注文しましたPCカメラが、**できるだけすぐに必要です。発送を調べていただき、遅れている原因を見つけていただけますでしょうか。**

よろしくお願いいたします。

ジェフ・ベイカー

Check! have yet to 〜は「まだ〜していない」という意味です。The items we ordered on September 29 have yet to arrive. は、The items we ordered on September 29 have not arrived yet. と表現することもできます。

> **ここ が ポイント** 品物が届かないことを伝える一文から始めますが、相手がどの品物か特定できるように、注文書番号や注文日を明記することを忘れないようにしましょう。そして、予定されていた配達日がいつであったか、それが予定日に届かなかったために困っていることなどを述べます。最後に、状況を調べて報告してもらうよう促しましょう。

Subject: Inquiry about Order #96830

Dear Mr. Noguchi,

The items we ordered on September 29 have yet to arrive. They were supposed to arrive on October 10. We need those PC cameras we ordered as soon as possible. Could you look into the shipment and find out what the delay is?

Thanks in advance.

Jeff Baker

Vocabulary

- look into ～／～を調査する
- delay／遅れ
- be supposed to ～／～することになっている、～するはずである（=be scheduled to ～「～する予定になっている」）

70 商品に数量違いがある

定型表現

We noticed we were short ～

件名： 注文書番号96830についてのお問い合わせ

ノグチ様

本日、発送品を受け取りました。本当にありがとうございました。

しかしながら、発送品を開けてみますと、外付けのハードディスク・ドライブが5個不足しておりました。注文した14個の代わりに、9個だけが入っていました。

このことについて調べていただき、未発送の商品をできるだけ早くお送りいただけますでしょうか。お願いします。

敬具

ジェフ・ベイカー

Check! We were short five external hard disk drives. はThe number of external hard disk drives was short by five. と表現することもできます。

> **ここ が ポイント** まずは、発送品を受け取ったことを報告します。その上で、発送された商品の数が不足していたことを述べますが、この時、どの商品が幾つ不足しているか具体的に書くことを忘れないようにしましょう。そして、不足している商品を送ってくれるように頼みます。相手側の手違いを調べてもらう表現として、Could you look into ～?は定番表現ですので使ってみましょう。

Subject: Inquiry about Order #96830

Dear Mr. Noguchi,

We received the shipment today. Thank you very much.

Upon opening the shipment, however, we noticed we were short five external hard disk drives. There were only nine instead of the fourteen we ordered.

Could you look into this matter and send us the outstanding items as soon as possible? Thank you.

Sincerely,

Jeff Baker

Vocabulary

□ short／不足して、足りない（=short by）
□ external／外付けの、外部の
□ instead of ～／～の代わりに
□ outstanding／未解決の、未処理の

71 間違った商品が届いた
定型表現

We received the wrong item.

件名： **注文書番号49349の発送ミス**

ビーマン様

発注品を本日受け取りましたが、開けてみると、**違う商品を受け取っていたことに気づきました**。VC Capture 03ビデオ録画機を受け取るはずが、VC Capture 04Aを受け取っておりました。**できるだけすぐに、正しい商品をお送りいただきたいです**。**間違いにより受け取った商品を、どのように返品すればよいか**についてもお教えください。

敬具

カナ・ノムラ

Check! Upon opening ～ we discovered ...「～を開けてみますと、…に気づきました」は、重要な定番表現です。

ここ が ポイント 商品の受領を知らせる一文から始めて、受け取った商品が違うものであったことを伝えます。そして次に、注文した商品が何であったかに対して、受け取った商品は何であるかなど具体的に間違いを指摘します。その後に、正しい商品を至急送ってもらうことを要求しましょう。

Subject: Order #49349 Shipment Error

Dear Mr. Beaman,

We received our order today, but upon opening it **we discovered that we had received the wrong item**. Instead of receiving the VC Capture 03 video recording equipment, we received the VC Capture 04A. **We would like you to send us the correct item as soon as possible.** Please also advise us on **how you would like us to return the item we received by mistake**.

Sincerely,

Kana Nomura

Vocabulary

☐ instead of 〜／〜の代わりに
☐ correct／正しい
☐ by mistake／誤って

72 商品に不良品・破損がある

定型表現

The box itself was badly damaged ～

件名： **注文書番号9829の発送**

ビーマン様

昨日、発送品(注文書番号9829)を受け取りました。**箱自体が届いた時に、ひどく損傷しておりました。**発送品を開けてみますと、注文したヘッドホンセット10個のうち**3個が、半分に折れておりました。**(あとの7個については問題ありませんでした。)

輸送中に壊れた商品を取り替えていただくことは可能でしょうか。お望みでしたら、壊れたものを返品いたします。

敬具

カナ・ノムラ

Check! 次の3つの表現を覚えておきましょう。 □ The item was damaged.「商品にひびが入っていました」 □ The item was broken.「商品は割れて(壊れて)いました」 □ The item was defective.「商品は機能しませんでした⇒商品は欠陥品(不良品)でした」

> **ここ が ポイント** まずは、発送品を受け取ったことを伝えます。次に、届いた商品が破損していた事実を伝えます。この時、どの商品がいくつ、どのような状態であったかを具体的に述べましょう。最後に、破損した商品の交換など、相手側に対応を求めます。輸送中の破損の場合、相手に強い口調で要求するのは望ましくありません。

Subject: Shipment #9829

Dear Mr. Beaman,

We received our shipment (order #9829) yesterday. **The box itself was badly damaged when it arrived.** When we opened the shipment, **we found three** of the ten headphone sets we ordered **were broken in half**. (There were no problems with the other seven sets.)

Would it be possible for you to replace the items that were broken in transit? We can return the broken sets to you if you so desire.

Sincerely,

Kana Nomura

Vocabulary

- damage／〜を破損する
- break／〜を壊す、〜を割る
- in half／半分に
- replace／〜を取り替える
  （→名 replacement「代用品」）
- in transit／輸送中に

73 請求書の金額が間違っている

定型表現

Could you confirm the cost of 〜?

件名： **Re: サービスへの請求書**

ステファニー様

提供していただいた各サービスの料金内訳が添えられた10月3日の請求書を受けとりました。「支援業務30時間」という項目で、5,000ドルを請求されていました。9月10日にいただいた見積もりによりますと、30時間のサポート費用は4,500ドルになるとのことでした。

サポート時間の費用をお確かめいただき、修正された請求書をできるだけ早くお送りいただけますでしょうか。

よろしくお願いします。

タケシ

Check! 次の2つの表現の言い換え表現を確認しておきましょう。□ According to the estimate 〜「見積もりによりますと〜」＝The estimate says 〜　□ an updated invoice「修正した請求書」＝a corrected invoice

> **ここがポイント** 請求書の受けとりを知らせて、金額に間違いがあることにまず触れましょう。次に、事実を挙げながら、その間違い箇所を具体的に指摘していきます。最後に、確認してもらうことと、修正された請求書を再送してもらうことを要求します。定番表現のCould you look into this matter 〜?「この件について調べていただけますか」を使ってもよいでしょう。

Subject: Re: Invoice for Services

Dear Stephanie,

We received your invoice for Oct. 3 with the breakdown of the costs for each service provided. Under the item "Logistics Support 30 Hours" you charged us $5,000. **According to the estimate** you provided us on Sept. 10, the cost for 30 hours of support should be $4,500.

Could you confirm the cost of the support hours and send us an updated invoice as soon as possible?

Many thanks,

Takeshi

Vocabulary

- breakdown／内訳、分類
- logistic support／後方業務支援
- charge／(人に)〜を請求する
- according to 〜／〜によると
- estimate／見積もり(書)
- confirm／〜を確認する

74 納品の遅れを謝罪する

定型表現

I sincerely apologize for the delay in ～

件名： **注文書番号GH439の発送**

マーク様

ご注文の商品の発送が遅れましたことを深くお詫び申し上げます。貴社への商品梱包物は、配達業者に送られたものの、スキャンされなかったため、その記録がございませんでした。このことによりご迷惑をおかけしまして、本当に申し訳ございません。私が個人的に、ご注文の商品が大至急発送されるように取り計らいをさせていただきました。コード番号GHSDF732E23で、配送状況をお確かめいただけます。

再度、遅れましたことをお詫びいたします。もうしばらくお待ちくださいますようお願い申し上げます。

敬具

タケシ

Check! I'm sorry for any inconvenience ～「ご迷惑をおかけしましてすみません」も、このような場合に使われる定番表現です。

> **ここが ポイント** まずは、発送の遅れに対して謝罪します。次に、なぜ遅れたのかという理由を述べ、その事実への対処と現在の状況を相手側に分かるように説明します。最後も、迷惑をかけたことへの謝罪で終わりましょう。最後の一文をAgain, I apologize 〜と、againを文頭に持ってくると、「再度のお詫び」であることが強調され、お詫びの気持ちが強い印象を与えることができます。

Subject: **Shipment of Order #GH439**

Dear Mark,

I sincerely apologize for the delay in shipping your order. Your package was sent to our distributor but never scanned in, which is why there was no record of it. **I'm terribly sorry for any inconvenience this has caused you. I personally saw to it that** your order was sent out with expedited shipping. You can track it with this code: GHSDF732E23.

Again, I apologize for the delay. Thank you very much for your patience.

Sincerely,

Takeshi

Vocabulary

- sincerely／心から
- package／荷物、小包
- distributor／配達者、配給業者
- scan in 〜／〜をスキャンする
- record／記録
- personally／個人的に
- see to it that 〜／〜するように取り計らう
- expedite／〜を急送する、〜を迅速に行う
- patience／忍耐（力）

75 商品の数量違い・品違いを謝罪する

定型表現

I am terribly sorry that we sent the wrong items 〜

件名： **Re: 発送番号4394の商品**

ナカムラ様

ご注文とは違う商品を送ってしまい、本当に申し訳ございません。この誤りに心よりお詫び申し上げます。本来ご注文しておられた商品を必ずお送りさせていただきます。間違ってお送りした商品は、弊社払いで送り返してください。

このことにより、貴殿と貴社にご迷惑をおかけしましたことをお詫び申し上げます。お手続きの間、ご辛抱いただきますようお願い申し上げます。

敬具

ジョー・トンプソン

Check! at our expense「私たちの費用で」は、日本語で言う「着払いで」の意味で使います。We will make every effort to prevent a recurrence.「再びこのようなことが起こらぬよう、あらゆる努力をいたします」も、このようなメールでの定番表現です。

> **ここがポイント** 間違った商品を発送してしまったことへのお詫びから始めましょう。そして、それにどう対処するのかを明確にします。その後、パラグラフを改めて、再度迷惑をかけたことへの謝罪を述べ、Thank you very much for your patience. という一文を添えておくとよいでしょう。これは、「もう少しお待ちいただければ幸いです」や「寛容にお礼申し上げます」のような意味を表します。

Subject: Re: Items in Shipment No. 4394

Dear Ms. Nakamura,

I am terribly sorry that we sent the wrong items in your order. Please accept my sincerest apologies for the mistake. **I promise to send out the items you originally ordered. Please return the items** we sent by mistake **at our expense**.

I apologize for any inconvenience this has caused you and your company. **Thank you very much for your patience while we deal with the matter.**

Sincerely,

Joe Thompson

Vocabulary

- originally／本来、元々
- by mistake／間違って
- at *someone's* expense／自費で
- deal with 〜／〜を扱う、対処する

76 不良品・破損を謝罪する

定型表現
I want to apologize for ～

件名： Re: 発送品 # 9829

ノムラ様

会社を代表いたしまして、発送品の配達の仕方についてのお詫びを申し上げます。この問題について発送担当と話し合ったところ、商品荷物をもっと注意して扱うことを約束しました。お取り替えの商品を無料でお送りさせてください。欠陥商品はそのままにしていただいて結構です。もしくは、送料を弊社請求で、返品していただいても構いません。

改めて、ご注文品のお取扱いの不手際を心よりお詫び申し上げます。貴社のご愛顧は弊社にとって大切でございます。ご満足いただけるよう、これからも最善を尽くしてまいります。

敬具

チップ・ビーマン

Vocabulary

- on behalf of ～／～の代表として、～に代わって
- entire／全体の
- issue／問題
- shipper／荷送人
- defective／欠陥のある
- mishandling／手違い、取り扱いミス
- patronage／ご愛顧
- do *one's* utmost／最善を尽くす
- ensure／～を保障する

ここ が ポイント 商品が破損していたことへのお詫びメールですので、お詫びが冒頭にきます。次に、「代わりの品を直ぐに送ります」や「不良品は弊社負担で送ってください」などという対処を知らせます。ただ、下記のメールの場合は、We discussed the issue with our shipper 〜 から始まる一文により、破損は輸送者の責任であると述べていることにもなります。

Subject: Re: Shipment #9829

Dear Ms. Nomura,

On behalf of our entire company, I want to apologize for the way in which your shipment was delivered. We discussed the issue with our shippers and they have promised to handle our packages more carefully. **Please allow me to send you replacements at no cost to you.** You may keep the defective items if you wish, or you may return them, **charging the shipping to us**.

Once again I am truly sorry for the mishandling of your order. **Your patronage is important to us**, and we will continue to do our utmost to ensure your satisfaction.

Sincerely,

Chip Beaman

Check! 「費用は弊社負担で」はat no cost to youの他、charging the shipping to usやat our expenseなどと表現できます。

77 請求書金額の間違いを謝罪する

定型表現
We did overcharge you for 〜

件名： **Re: Re: サービスへの請求書**

タケシ様

請求書の明細を確認しましたところ、弊社はそのサービスとして確かに高額な請求をしておりました。この見落としに対して、心よりお詫び申し上げます。金額が訂正された最新の請求書が添付されているのをご確認ください。

貴社と楽しくお仕事をさせていただいておりますところ、混乱を生じさせまして申し訳ございません。もし何かご質問やご用がございましたら、お気軽にご連絡ください。

敬具

ステファニー

> **ここがポイント** 誤りを認めて、お詫びから始めましょう。We would like to apologize for the error in your invoice.と言うこともできますが、下記のPlease accept my humblest apologies for 〜とした方がより丁寧になります。訂正した請求書を送付することを述べ、最後に、迷惑をかけたことに対してもう一度謝罪します。

Subject: Re: Re: Invoice for Services

Dear Takeshi,

We confirmed the itemization on your invoice, and indeed **we did overcharge you for our services**. Please accept my humblest apologies for this oversight. **Please find an updated invoice with the corrected price attached.**

We enjoy working with you and are sorry for any confusion we have caused. If you should ever have any questions or concerns, **please do not hesitate to contact me**.

Best regards,

Stephanie

Vocabulary

- confirm／〜を確認する
- itemization／明細（書）
- overcharge／通常より高い値を要求する
- humble／慎ましやかな
- oversight／ミス、見落とし
- confusion／混乱
- concern／事柄、用事

78 サービス・従業員の対応に苦情を述べる

定型表現

~ acted as if my concern was not important

件名： **顧客サービス**

拝啓

5月3日にそちらの会計課にお電話をし、担当者の一人であるジョナサン・クラークという人に請求書の不当額請求について話しました。彼の私の電話への対応はとても失礼で、私の用件など重要でないかのような振る舞いでした。彼は何度も試しましたが、私の会計情報を出すことができませんでした。助けることのできそうな人に電話を転送する代わりに、彼は数日中に電話をかけなおすよう、私に言いました。

私は7年間誠意をもってお取引させていただいてきましたが、このように扱われたのは、これが初めてです。さらに、4月25日付けの請求書にある不当額請求の問題も、まだ解決されていません。早急にお返事をいただければありがたく存じます。

敬具

タケシ・マツヤマ

Check! a Mr. Jonathan Clarkのように、名前の前に冠詞aが付くと、「ジョナサン・クラークという人」の意味になります。

> **ここ が ポイント** 従業員に対する苦情は、どのような用件での対応か、対応日時、そして、その従業員の名前をまず明記しましょう。それから、その対応の詳細を知らせます。そして最後に、この対応の結果として解決されていない問題や、自分としてはどうして欲しいのかを述べます。

Subject: Customer Service

Dear Sir or Madam,

I called your accounts department on May 3 and spoke to one of your representatives, a Mr. Jonathan Clark, about the overcharge on my statement. **He was very rude in the way he handled my call, and acted as if my concern was not important.** After numerous tries, he failed to bring up my account information. **Instead of transferring me to someone who could help, he told me to call back in a few days.**

I have been a loyal customer for seven years, and this is the first time I have ever been treated like this. **In addition, the issue of the overcharges** on my April 25 statement **remains unresolved**. **Your immediate response would be appreciated.**

Sincerely,

Takeshi Matsuyama

Vocabulary

- representative／担当者、係員
- statement／請求書
- rude／失礼な
- numerous／たくさんの(manyよりも堅い語)
- fail to 〜／〜しそこなう、〜できない
- transfer A to B／Aの電話をBに転送する
- loyal／誠意ある、忠実な
- response／返答(answerよりも堅い語)

79 商品の返品・交換を依頼する

定型表現

Would it be possible to exchange 〜?

件名： **商品交換の要求（注文書番号2119-F）**

拝啓

1月23日に、サーバーハウジング・フレーム（注文書番号2119-F）を注文いたしました。その製品自体には問題がないのですが、当方が機器のサイズを勘違いしておりました。注文品を1つ大きいサイズに交換していただくことはできますでしょうか。受け取ったフレームはまだ包装された状態であり、すぐに返品させていただくことができます。

この件について、よろしくお願いいたします。

敬具

タケシ・マツヤマ

ここがポイント 商品交換に必要な条件として、購入してから何日以内であるか、商品は未使用のままであるかが挙げられます。従って、購入した日付と商品の未使用の状態は忘れずに明記し、交換の理由も具体的に説明しましょう。結びの一文は、We appreciate your attention.やThank you for your time and attention.とも言うことができます。

Subject: Request for Exchange (Order #2119-F)

Dear Sir or Madam,

We placed an order for server housing frames (#2119-F) on January 23. We have no problem with the products themselves, but **we miscalculated the size of our equipment. Would it be possible to exchange our order for the next size up?** The frames we received are still in the packaging, and we could return them to you immediately.

Thank you for your attention to this matter.

Sincerely,

Takeshi Matsuyama

Vocabulary

- miscalculate／〜の計算を誤る
- equipment／機器
- exchange *A* for *B*／AをBと交換する
- the next size up／一つ上のサイズ

80 アポを申し出る（初めての相手）

定型表現

Would you have time on ～ to talk?

件名： **会合**

タナカ様

今年の見本市では、事業提携の見込みについて話し合うお時間をいただき、ありがとうございました。私は来週、日本に参りますので、貴社にお伺いしてその話し合いを続けたいと思っております。22日の水曜日に、話し合うお時間はおありでしょうか。

またお目にかかれるのを楽しみにしております。

敬具

タッド・ジョンソン

Check! 仕事で訪れることになっているような場合は、"I will visit Japan ～"ではなく、未来進行形を使って、"I will be visiting Japan ～"となります。つまり、〈will be ～ing〉は〈特定の未来での出来事・予定〉を表すわけです。

> **ここがポイント** 面会を申し込むメールは、相手の都合を尋ねて、自分の希望日を伝えるのが一般的スタイルです。ただ、下記のメールでは、Would you have time on Wednesday the 22nd to talk?と言っています。これは、相手の都合を聞いているようで、実は、面会日を指定してきているようなものです。相手の都合さえ悪くなければ、面会日を即決定できる便利な表現です。

Subject: Office Meeting

Dear Mr. Tanaka,

Thank you for taking time to discuss a possible business partnership at this year's trade show. I will be visiting Japan next week, and **I would like to visit your office to continue our discussion. Would you have time on Wednesday the 22nd to talk?**

I look forward to meeting up again.

Best regards,

Tad Johnson

Vocabulary

- **take time (out) to ~**／（わざわざ）時間を取って~する
- **business partnership**／事業提携
- **trade show**／見本市 (=trade fair)
- **meet up**／会う

81 アポを申し出る（2回目以降）

定型表現

Would you be available some time 〜?

件名： 次の会合

ジョンソン様

昨日はお会いしていただき、ありがとうございました。私たちの議論は、とても有益なものだと分かりました。話し合いを進めて、**弊社が貴社に何ができるのか**についてお話ししたいと思っております。来週のいつかに、私たちの会合を続ける**お時間はおありでしょうか。私の方は、そちらのご都合がつき次第で結構です。**

敬具

ヒロコ・クワエ

Check! Would you be available 〜?は、Are you available 〜?の丁寧な表現です。なお、availableはPlease let me know if you are available.「あなたの予定があいているかどうかお知らせください」のように応用範囲の広い語彙なので、しっかりと使えるようにしておきましょう。

ここ が ポイント 再び面会を申し込む場合は、前回の面会のお礼から始めましょう。「相手の都合を尋ね、希望日を伝える」のは、初めての面会を申し込む場合と同じです。下記のメールでは、希望日の特定はせずに、Would you be available <u>some time next week</u> 〜?と、来週が希望であるとだけ伝え、面会日は相手の都合次第というケースです。

Subject: **Follow-up Meeting**

Dear Mr. Johnson,

Thank you for taking time to meet with me yesterday. I found our discussion to be very informative. I would like to continue our discussion and talk about **what our company can do for you**. **Would you be available some time** next week to continue our meeting? **I am available at your earliest convenience.**

Best regards,

Hiroko Kuwae

Vocabulary

- informative／有益な、情報を提供する
- available／手が空いている
- at *one's* earliest convenience／〜の都合がつき次第

82 アポを承諾する

定型表現

It will be my pleasure to meet you on ～

件名： **Re: 会合**

ジョンソン様

同様に、私もLAの見本市でお話しができて楽しかったです。

来週の22日に、喜んでお目にかかります。午後2時に会うというのは可能でしょうか。

またお目にかかれるのを楽しみにしております。どうぞお気をつけて。

敬具

ツヨシ・タナカ

Check! I will be available from 1:00 p.m. to 3:00 p.m.「午後1時から3時まであいています」のような関連表現もよく使われます。断るときには、I am afraid I am unable to meet you on the 22nd next week. と言いましょう。

ここがポイント 面会の申し込みへの返信メールですので、相手が既に指定してきている日時や場所については承諾するかどうかを明確に答え、未決定のことには自分の希望を伝えながら相手の都合を尋ねます。「会うのが楽しみです」などと漠然と答えず、It will be my pleasure to meet you <u>on the 22nd next week.</u>と面会日を確認するような文にするのがポイントです。

Subject: Re: Office Meeting

Dear Mr. Johnson,

Likewise I enjoyed our chat at the show in LA.

It will be my pleasure to meet you on the 22nd next week. Would you be able to meet at 2:00 P.M.?

I look forward to seeing you again. Have a safe flight.

Sincerely,

Tsuyoshi Tanaka

Vocabulary

- likewise／同様に、同じく
- LA (=Los Angeles)／ロサンゼルス
- pleasure／喜び

83 相手の都合を聞く

定型表現

Would you have time next week?

件名： 会合の可能性

ノムラ様

弊社の製品にご興味を持っていただき、ありがとうございます。弊社の製品専門担当社であるリチャード・グラントとの会合の予定を立てさせていただきたいと思っております。来週、彼が貴社をお訪ねして、製品とサービスについての詳しい内容をお話しさせていただくお時間はおありでしょうか。こちらは、木曜日の午後以外であれば、午前または午後のいつでも大丈夫です。

お返事をお待ちしております。

敬具

グレッグ・スミス

Check! 日程に関する便利な表現を3つ紹介しておきます。 □ the end of this week「今週末」 □ the beginning of next week「来週の始め」 □ in the early [late] afternoon「午後早くに[遅くに]」

> **ここがポイント** 商談のための面会を申し込むメールは、基本的に、「面会を申し込む」→「相手の都合を聞く」→「こちらの希望日時を伝える」→「返答を求める」の構成です。Would you have time <u>next week</u> ～? / Anytime morning or afternoon is fine with us, <u>except for</u> ～?などの表現を使えば、さりげなく希望を伝えられるので便利です。

Subject: Meeting Availability

Dear Ms. Nomura,

Thank you for your interest in our product line. **I would like to set up a meeting** between you and our product specialist Richard Grant. **Would you have time next week** for him to visit your office and give you a rundown of our products and services? **Anytime morning or afternoon is fine with us**, except for the afternoon of Thursday.

I look forward to your reply.

Sincerely,

Greg Smith

Vocabulary

- availability／可能性
- product line／製品ライン
- specialist／専門家、スペシャリスト
- rundown／概要
- except for ～／～を除いて

84 アポの日時を調整する

定型表現

Let me know which day works best for you.

件名： **Re: 6月5日の会合**

ヒロコ様

来月の会合についてご連絡いただき、ありがとうございました。残念ながら、その日は、出張で遠方に行っております。6月4日の午後か、6月7日の午前に会うというのは可能でしょうか。

どちらの日がご都合がよいかをお知らせください。

ありがとう

タッド

Check! 予定を変更する時に使える便利な表現を2つ紹介します。□ move our appointment from June 5 to June 4「面会予定を6月5日から6月4日に移す」 □ postpone our appointment until June 7「面会予定を6月7日まで延期する」

> **ここ が ポイント** まずは、メールへのお礼を述べてから、面会の申し入れを断ります。断るときは、日本語感覚で曖昧に表現するのではなく、はっきりと断っていることが伝わるようにして、失礼のない表現で理由を明確に述べます。代わりの日時を希望する場合は、その日時も提案して、返事を求めましょう。I am (not) available ～「私は空いている(いない)」は、定番表現ですね。

Subject: Re: Meeting on June 5

Dear Hiroko,

Thank you for contacting me about meeting up next month. **Unfortunately, I will be out of town that day on business.** Would you be able to meet in either the afternoon of June 4 or the morning of June 7?

Let me know which day works best for you.

Cheers,

Tad

Vocabulary

- out of town／町を離れて、出張に出かけていて
- either *A* or *B*／Aかそれとも B

85 テレビ会議を設定する

定型表現

Be sure to use a computer with a camera 〜

件名： **テレビ会議**

タカユキ様

テレビ会議にご同意いただきありがとうございます。本日この後にご案内をお送りいたします。お受けとりになられましたら、「受諾する」をクリックしてください。会議当日は、カレンダーにあるリンクをクリックしていただくだけで、ブラウザー内のソフトウェアが開きます。アカウント名はTranscorpで、パスワードはあなたのファーストネームとなっております。テレビ会議にご参加できますよう、カメラ付きのコンピュータを必ずお使いください。何かお困りのことがございましたら、私にメールをお送りください。私の方で対処させていただきます。

Mark Stolzにも加わってもらうようお願いをしております。彼は上級経理部長であり、我々が頻繁に使う伝達手段についての深い理解を彼から得ることができます。

来週、お話しできることを楽しみにしております。

アン・デイヴィス

Check! I'll see what I can do.「自分に何ができるか考えてみます」は、何かを頼まれた場合などに「やってみましょう」という意味で使われる定番表現です。

> **ここがポイント** 同意へのお礼を述べたら、まずは、テレビ会議のための手順を簡潔に伝えましょう。そして、注意して欲しい点、問題が生じた場合についても明記しておくことが大切です。もし、相手に相談することなく決定したことがあるなら、伝えるときの表現に注意しましょう。下記メールのように、I've taken the liberty of asking Mark Stolz ～とすると、「私の方で、失礼を顧みずに勝手に頼みました」というニュアンスを含み、相手への配慮が窺えます。

Subject: Video Conference

Dear Takayuki,

Thanks for agreeing to the video meeting. **I'll send you an invite later today.** Please click on "Accept" when you get it. On the day of the meeting, just click on the link in your calendar and it will open up the software in your browser. **The account name is** Transcorp and the password is your first name. **Be sure to use a computer with a camera** so you can participate in the video chat. **If you have any problems, just send me an e-mail and I'll see what I can do.**

I've taken the liberty of asking Mark Stolz to join us. He is our senior account manager and can give you some insight into the pipelines we use regularly.

Looking forward to chatting next week.

Best regards,

Ann Davis

Vocabulary

□ insight／見識、眼識　　　　　□ pipeline／伝達経路、伝達手段

86 アポを断る

定型表現

I need to cancel our appointment for ~

件名: **Re: 4月3日のお約束**

ノムラ様

本当に申し訳ございませんが、4月3日のお約束をキャンセルしなければなりません。 海外で私が注視しなければならないような重大事態が発生しました。**突然のキャンセルをお詫び申し上げます。近いうちにお目にかかれることを願っております。**

敬具

グレッグ・スミス

Check! 予定が詰まっている状態を言い表す表現を覚えておきましょう。 □ I'm sorry, but I'm fully booked on April 3.「申し訳ございませんが、4月3日は予定でいっぱいです」 □ I have a conflict on April 3.「4月3日は予定がかち合ってだめです」

> **ここが ポイント** 面会のキャンセルを伝えるには、I'm sorry, but I have [need] to cancel 〜 for April 3. と、日付まで明記する表現が定番です。マナーとして、キャンセルしなければならない理由も述べましょう。メールの最後には、もう一度お詫びを述べたり、I'll get back to you to reschedule.「予定を立て直すために、後でご連絡します」などの今後の希望を伝えたりします。

Subject: Re: Appointment on April 3

Dear Ms. Nomura,

I'm terribly sorry, but I need to cancel our appointment for April 3. An important matter that requires my attention overseas has come up. **I apologize for the sudden cancellation, but I hope we can get together in the near future.**

Sincerely,

Greg Smith

Vocabulary

- terribly／ひどく、非常に
- overseas／海外で［へ］
- come up／（問題などが）生じる
- cancellation／取り消し
- get together／会う、集まる

87 アポを変更する

定型表現

Would it be possible to reschedule our meeting for 〜?

件名： **Re: 7月24日の会合**

スミス様

残念ながら、7月24日にしなければならない至急の仕事が入ってしまいました。会合の日をできれば27日に延期していただけますでしょうか。午前11時に会うということには変更ございません。この日でご都合がよいか、お知らせください。

敬具

サキ・ノムラ

Check! workは簡単な語ですが、とても使い勝手のよい語です。It works for me.「私はそれでよいです」のようにも使います。

> **ここがポイント** まずは、約束していた日時に会えなくなったことを伝えて謝ります。このとき、その理由を述べることも忘れないようにしましょう。代わりの日時を考えている場合は、その日時を提示して、相手の都合を尋ねます。変更を提示する表現には、reschedule the meeting for July 27 / postpone the meeting until July 27などがあります。

Subject: Re: July 24 Meeting

Dear Mr. Smith,

I'm sorry to inform you that I have some urgent business to take care of on July 24. **Would it be possible to reschedule our meeting for a later date, perhaps the 27th?** We can still meet at 11:00 A.M. Please let me know **if this date works for you**.

Sincerely,

Saki Nomura

Vocabulary

- urgent／緊急の
- take care of 〜／〜を対処する、〜を処理する
- reschedule／〜の予定を変更する
- work for／(計画などが)うまくいく

88 打ち合わせ後に確認(フォロー)メール

定型表現

Thank you for taking the time to ～

件名： 1月29日の会合

クラーク様

昨日はわざわざお会いしていただきまして、ありがとうございました。これから6か月間の予定を決めていただき、感謝しております。

会合でお約束しましたように、弊社の製品検査手順のフローチャートを添付いたしました。ご要望に合ったサービス、価格、予定を提示させていただけます。

ご質問がございましたら、お知らせください。

敬具

ケン・ハヤシ

ここ が ポイント 会合後のメールは、会合へのお礼から始めましょう。何かを引き受けた場合は、そのことについて忘れずに報告し、どのような要望に応えることができるのかをアピールします。Thank you for taking the time to meet with me ~と言うと、Thank you for meeting with me ~よりも「わざわざ時間を割いていただいて」という感謝の意が強くなります。

Subject: Meeting on Jan. 29

Dear Mr. Clark,

Thank you for taking the time to meet with me yesterday. I appreciate you laying out your plans for the next six months.

As promised in the meeting, I've attached a flow chart for our product testing procedures. We can offer you services that match your needs, pricing, and schedules.

Let me know if you have any questions.

Best regards,

Ken Hayashi

Vocabulary

- lay out ~／~の段取りを決める
- flow chart／フローチャート、流れ図(生産工程、作業工程などを図式化したもの)
- procedure／手順
- match／~に合う

89 緊急のため同僚に時間を割いてもらう

定型表現

I have an issue to discuss with you ～

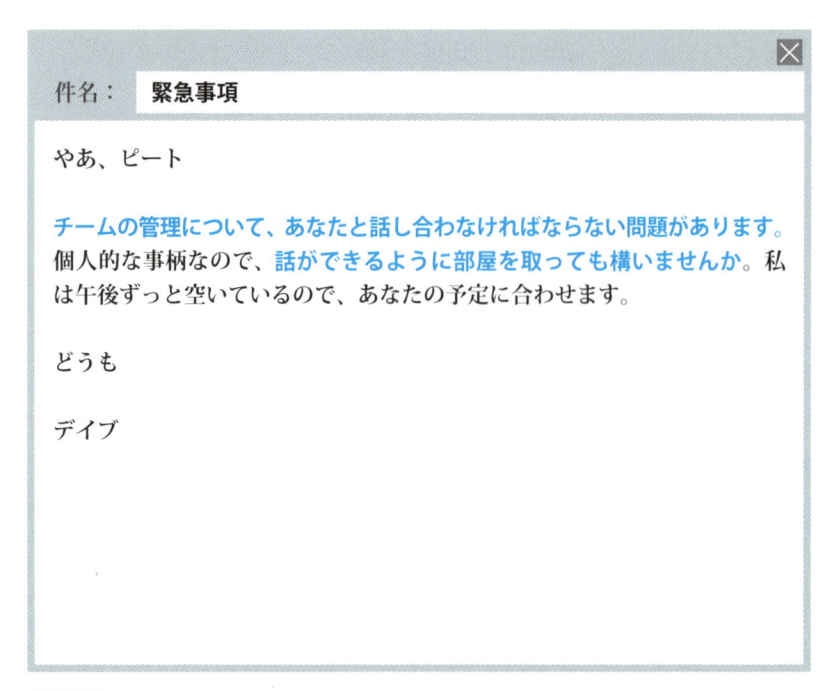

件名： **緊急事項**

やあ、ピート

チームの管理について、あなたと話し合わなければならない問題があります。 個人的な事柄なので、**話ができるように部屋を取っても構いませんか**。私は午後ずっと空いているので、あなたの予定に合わせます。

どうも

デイブ

Check! 「手が空いています」の表現には、I'm free ～や I'm available ～を使います。

> **ここがポイント** 社内の緊急事項ですので、用件を素早く簡潔に伝えます。ただ、親しい間柄で至急だからといって、相手に一方的に伝えるはマナー違反です。私的な事柄であればなおさら、相手の都合を考えた表現を使いましょう。下記のメールにあるWould you mind if I reserved a room 〜?と相手の意見を丁寧な表現で求め、相手の予定に合わせるようにしましょう。

Subject: Urgent Matter

Hey Pete,

I have an issue to discuss with you related to the management of the team. Since it's a private matter, **would you mind if I reserved a room so we could talk**? I'm free all afternoon and can accommodate your schedule.

Cheers,

Dave

Vocabulary

- related to 〜／〜と関係のある
- reserve／〜を取る、〜を予約する
- accommodate／〜に適応させる、〜に順応させる

90 悪いニュースを伝える

定型表現

I have some bad news.

件名： **計画改定**

マイク様

悪い知らせがあります。 サキがメールをしてきて言うには、日本で最近相次いで発生した台風により、**我々が注文した部品の発送が遅れる**そうです。彼女によると、それらを発送できるのは、早くても来週の月曜日になるということです。**このことは、我々の実施計画に影響を及ぼしますので、約束した日時に計画を終えられないかもしれません。**

これについてどのように対処することを望まれるか、また顧客にどう対応するべきなのか、**ご提案をお願い致します。**

ではまた

ベス

Check! 以下は、重要な定番表現です。□ She says (that) 〜 = According to her, 〜「彼女によると〜」 □ What would be the best way to handle this?「これにどう対処するのがいちばん良いでしょうか」

ここ が ポイント I have some bad news.「困ったことが起きたことをお知らせします」とまず言ってから、その詳細を述べていきましょう。いきなり詳細から始めると、相手側は、何を伝えてきているのか理解しづらく困ることがあります。どのようなことが起きて、どのような影響を被るのか、そしてメールを送る相手に何を求めるのかを明確にすることが大切です。

Subject: Project Update

Dear Mike,

I have some bad news. Saki e-mailed me to say **there will be a delay in shipping the parts we ordered** owing to the recent spate of typhoons in Japan. She says the earliest they could ship them out will be Monday of next week. **This will affect our timetable, and we may not finish the project on time as promised.**

Please advise us how you want us to handle this and how we should take care of the client.

Cheers,

Beth

Vocabulary

- delay／遅れ（a delay in ～「～についての遅れ」）
- owing to ～／～のために、～により
- spate of ～／相次ぐ～
- ship out ～／～を出荷する
- timetable／実施計画案、スケジュール
- on time／時間通りに
- handle／～に対処する

91 ミスをした時、助けを求める

定型表現

Could I get your help in 〜?

件名： スケジュール調整

アツシ様

申し訳ございませんが、配達の予定でいくつかのミスを犯してしまいました。業務委託会社は3月13日の期日で、我々が週に10ファイル届けると思っております。申し訳ないことに、私が数量を勘違いしてしまい、実際は、期日の変更なしで週に15ファイルこちらから配達します。

チームにこの状況を話す手助けをしていただけないでしょうか。もっと時間を与えてもらうか、業務委託会社がこの計画のためにもっと人を増やすことができるよう、予算を増額してもらわなければなりません。

この状況について知りたいことがあれば、知らせてください。

ありがとう

デイブ

Check! needとhaveの使い方の違いを確認しておきましょう。 □ need＋人（目的語）＋to *do*「人（目的語）に〜してもらう必要がある」 □ have＋人（目的語）＋*do*「人（目的語）に〜させる、人（目的語）に〜してもらう」

> **ここ が ポイント** ミスをおかしたという事実をまず簡潔に伝えます。次にそのミスについての詳細を具体的に（数量や商品名など）を述べていき、その後で、相手側にどのような手助けを求めるのかを書きましょう。例文メールの表現以外に、より丁寧な表現のIt would be appreciated if you could help me in talking 〜を用いることもできます。

Subject: Schedule Adjustment

Dear Atsushi,

I'm sorry to say, but I made a few errors in the schedule for deliveries. The outsourcing company thinks we will be delivering 10 files a week, with a due date of March 13. Unfortunately, **I miscalculated the amount** and we will actually deliver 15 files a week **with no change in the due date**.

Could I get your help in talking to the team to explain the situation? We either need them to provide more time or have them increase the budget so the vendor can add more people to the project.

Let me know if there is anything you need to know about the situation.

Cheers,

Dave

Vocabulary

- make an error／誤る、ミスを犯す
- outsourcing／業務委託、外部委託
- due date／期日
- miscalculate／〜の計算を間違える
- budget／予算

92 自発的に援助を申し出る

定型表現

I could use my downtime to help you with ～

件名： **お手伝いできます**

やあ、マーク

スケジュールを組み終えたことを、あなたにお知らせしておきたいと思いました。それを検討してもらうために、他のチームにすでに送っておきました。それに関するミーティングが木曜日までないので、手が空いている時間を、あなたのサーバー編成のお手伝いに使うことができます。何か別のことのお手伝いも可能です。どのようにお手伝いしたらよいかお知らせくだされば、喜んでさせていただきます。

アツシ

Check! Since ～「～だから、～なので」は通常文頭に用いられ、自明の理由や根拠を述べるときによく使用されます。

ここがポイント お手伝いを申し出る場合は、「お手伝いします」と漠然とした内容ではなく、自分はどのようなことを手伝うことができるのか、また、いつできるのかが明確に伝わる内容にしましょう。下記メールのI could also help you with something else if you like.のように、if you likeを使うと、相手の意見を尊重するニュアンスが含まれます。

Subject: **Available to Help**

Hey Mark,

Just wanted to let you know that I finished working on the schedule. I've sent it off to the different teams to review it. Since I won't have a meeting about it until Thursday, **I could use my downtime to help you with** organizing the server. **I could also help you with something else if you like. Let me know how I can help and I'd be happy to do so.**

Atsushi

Vocabulary

- work on 〜／〜に取り組む
- send off 〜／〜を送る
- review／〜を検討する
- downtime／オフ時間、休憩時間
- organize／〜を編成する
- help A with B／AのBを手伝う

93 物の所在を聞く

定型表現

I'm looking for a missing ～

件名： **紛失ハードディスク**

こんにちは、ナツコ

備品部課長に返却する必要のある外付けハードディスクが見当たらず探しています。会社コードはCC23984です。色は白とグレーで、黒の電源ケーブルとシルバーのUSBケーブルが付いています。製造業者はMemoraxで、側面にその社名が書かれています。

あなたがたチームのどなたかが、それらしいものがある場所をご存知でしたら、私にご連絡ください。

感謝

グレッグ

> **ここ が ポイント** 何が紛失していて、自分はなぜそれを探しているのかをまず簡潔に述べましょう。次に、メールの受信者が紛失物を特定できるように、詳細をできるだけ具体的に(コード番号、製造会社名まで)挙げます。最後に、所在が分かれば連絡をくれるように頼む一文も忘れずに書きましょう。

Subject: Missing Hard Disk

Hi Natsuko,

I'm looking for a missing external hard disk that I need to return to the equipment manager. Its company code is CC23984. It's white and gray and has a black power cable and a silver USB cable. The maker is Memorax, with the name written on the side.

If you or anyone on your team knows where it might be, please get in touch with me.

Thanks,

Greg

Vocabulary

- missing／紛失した、行方不明の
- external／(コンピュータの)外付けの
- maker／製造業者、メーカー
- on the side／横側に、脇に
- get in touch with 〜／〜に連絡する

94 期限を延ばしてもらう

定型表現

Do you think I could get an extension?

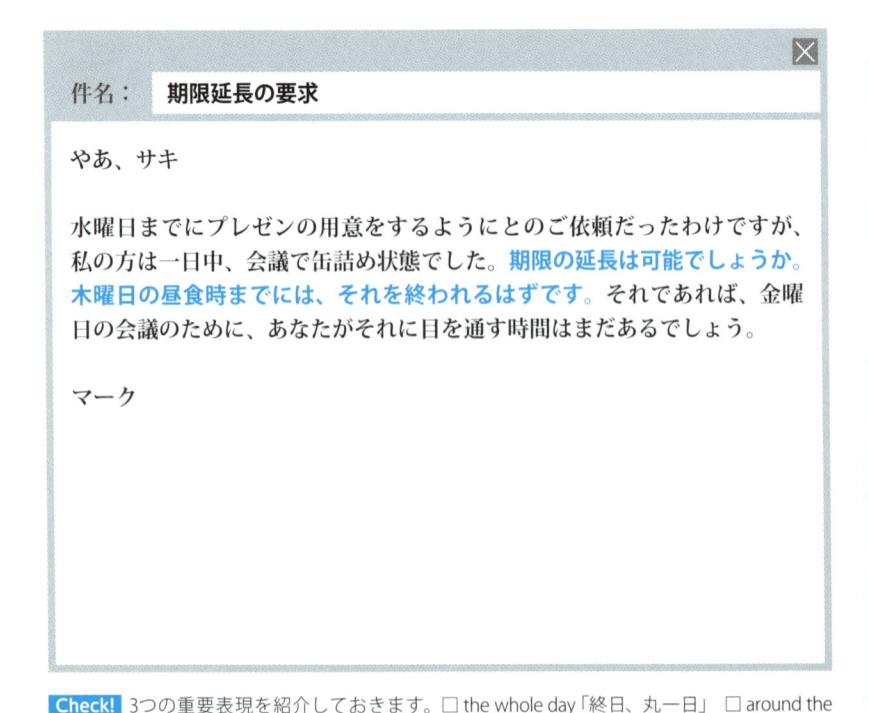

件名： 期限延長の要求

やあ、サキ

水曜日までにプレゼンの用意をするようにとのご依頼だったわけですが、私の方は一日中、会議で缶詰め状態でした。**期限の延長は可能でしょうか。木曜日の昼食時までには、それを終われるはずです。**それであれば、金曜日の会議のために、あなたがそれに目を通す時間はまだあるでしょう。

マーク

Check! 3つの重要表現を紹介しておきます。□ the whole day「終日、丸一日」 □ around the clock「24時間連続で、一日中」 □ 24/7「年中無休で、いつも」(=24-7 / twenty-four seven)

> **ここがポイント** 期日の延長だけを漠然と要求するのではなく、期日までにできない理由を明確に述べましょう。その上で、いつであれば完成するのかを報告します。また、その日を延長期限日とする理由があれば加えましょう。下記のextensionの動詞形を使って、extend the deadline for 〜「〜の締切りを延長する」という表現もあります。

Subject: Extension Request

Hey Saki,

I know you asked to have that presentation ready by Wednesday, but I spent all day trapped in meetings. **Do you think I could get an extension? I should have it done by lunch on Thursday.** That will still give you time to review it for Friday's meeting.

Mark

Vocabulary

- extension／延長
- all day／一日中（=all day long）
- trap／（人や動物）を閉じ込める（be trapped in 〜「〜の状況に置かれる」）

95 提出を催促する

定型表現

Could you get that to us as soon as possible?

件名： 見積もり書類

こんにちは、マーカス

プロジェクトの見積もりをお願いしてから数日経ちますが、私の方ではそれをまだ受け取っておりません。できるだけ早くに、それをお送りいただけますか。特に契約を取り扱う時は、社内での手続きに時間がかかります。すぐに見積もりをいただければ、より手早く仕事と支払いの契約の準備ができます。

よろしくお願い致します。何かご質問があればお知らせください。

ではまた

テツ

Check! すでに何度も出てきましたが、Cheersは、インフォーマルな表現(特にイギリス英語)で「ありがとう」や「さよなら」の意味を表します。

ここ が ポイント 依頼した見積もりがまだ届かないことをまず伝えましょう。ここで大切なことは、相手を責めるような文にせず、I still haven't received it.と自分はまだ受け取っていないという表現にすることです。また、Could you ~ as soon as possible?と丁寧な表現を用いて、見積もりを早く欲しい理由などを丁寧に述べましょう。

Subject: Estimate Documents

Hello Marcus,

It's been a few days since I asked you for the estimate for the project, but I still haven't received it. **Could you get that to us as soon as possible?** Our internal procedures take time, especially when dealing with contracts. **The sooner we have your estimate, the quicker we'll be able to set up a contract for work and payment.**

Thanks in advance, and let me know if you have any questions.

Cheers,

Tetsu

Vocabulary

☐ estimate／見積(書)
☐ internal／内部の
☐ procedure／手続き、手順
☐ deal with ～／～を扱う
☐ contract／契約

96 (すぐに外出するため)時間がないことを詫びながら短いメールで済ませる

定型表現

Call me on my cell if you need anything.

件名： 手短な現在状況

こんにちは、ジョン

申し訳ないですが、先週の納入業者への評価書をまだ記入し終えていません。ここ数日は会議続きで、実はこれを打ちながらドアから出ようとしているところです。顧客に会うために、東京に泊りがけで出かけなければなりません。帰ってきたら、必ず評価書を記入します。

何かあれば、携帯に電話をしてください。

では金曜日に！

サキ

ここがポイント 短いメールでも、重要な用件をまず述べましょう。下記メールの場合、多忙であるという理由と代案を述べていますが、I'm actually on my way out the door as I type this.やCall me on my cell if you need anything.という表現を使うことによって、メールを送る時間もないぐらい多忙であることが伝わり、メール自体が手短かなものである弁解にもなっています。

Subject: Quick Update

Hi Jon,

I'm sorry I haven't finished filling out the review sheet for last week's vendor. I've had back-to-back meetings the past few days, and I'm actually on my way out the door as I type this. **I have to make an overnight trip to** Tokyo to meet some clients. **I promise to fill out the review sheet when I get back.**

Call me on my cell if you need anything.

See you Friday!

Saki

Vocabulary

- fill out 〜／〜に記入する
- review sheet／評価書
- vendor／納入業者
- back-to-back／続けざまの、相次ぐ
- on *one's* way out／出て行く途中で
- overnight trip／一泊旅行

97 電話をしたが不在のためメールを入れておく

定型表現

I just gave you a call, but ~

件名： **予定についてのご質問**

やあ、ジョン

電話をしたのですが、デスクにはおられませんでしたね。

新しいソフトウェアの消費者グループ試験のスケジュールについていくつか質問があります。添付したスケジュールのファイルで、私が赤で印を付けている箇所を確認していただけます。これらの段階に、私たちが十分な時間や人員を割りあてたかどうかは分かりません。それらに目を通して、あなたの考えを教えて頂けませんでしょうか。できれば、会って話し合いたいです。

サキ

> **ここがポイント** I just gave you a call, but ~の一文は、「電話をかけましたが、ご不在でしたのでメールします」というニュアンスを含んでいます。質問のメールは、何に関する質問であるかをまず述べてから、具体的に問題点などを提示し、最後に相手側にどのようにしてもらいたいかを伝えましょう。if possible「できれば」は、自分の意見を遠慮がちに言うときに便利な表現です。

Subject: Schedule Questions

Hey Jon,

I just gave you a call, but you were away from your desk.

I have a few questions about the schedule for focus testing the new software. **You can see in the attached schedule file** where I highlighted certain areas in red. I'm not sure if we've allotted enough time or manpower to these periods. **Would you mind looking over them and telling me what you think?** If possible, I'd like to meet up to discuss it.

Saki

Vocabulary

- focus test／~の焦点試験を行う
- highlight／~を強調する、~を目立たせる
- allot／~を割り当てる
- manpower／有効総人員
- look over ~／~にざっと目を通す

98 スカイプ(TV電話)へいざなう

定型表現

We'd like to have a Skype call to 〜

件名： **スカイプ会議**

こんにちは、サキ

サンプルビデオを送っていただき、ありがとうございました。内部でそれらを検討させていただきました。感想を述べるのにスカイプ通話をしたいと思っております。木曜日の2時から4時まで、お時間はおありでしょうか。私のスカイプアカウント名は、Greg_Sims102です。

木曜日にお目にかかれますように。

グレッグ

ここ が ポイント スカイプへといざなうメールですが、「スカイプを使用してもいいですか」などと書き始めると迅速性に欠けてしまいます。スカイプを使用したい目的を述べ、下記メールのように、Would you be available on Thursday from 2 to 4?などと続けると効果的です。この表現は、相手側の都合を丁寧にうかがいながら、自分の希望の日時を述べる便利な表現です。

Subject: Skype Meeting

Hello Saki,

Thanks for sending over the sample videos. We reviewed them internally and **we'd like to have a Skype call to give you feedback**. Would you be available on Thursday from 2 to 4? **My Skype account name is** Greg_Sims102.

Hope to see you on Thursday.

Greg

Vocabulary

- send over 〜／〜を送る
- internally／内部で
- Skype call／スカイプ通話
- feedback／意見、感想、フィードバック

99 自分の送信したメールが、ウィルスに感染していたかもしれないことを知らせる

定型表現

My computer is infected with a virus 〜

件名： **重要！ このメールを最初に読んでください！**

やあ、ナオミ

本当に申し訳ないのですが、私のコンピュータがウィルスに感染していて、私が送った最新のメールであなたにウィルスを運んだかもしれません。（このメールは、私の携帯から送っています。）私からの最新のメールは開けないでください。それを削除して、あなたの会社のIT部にすぐに報告してください。

このことで何か問題が起こっていたら、本当にすみません。あなたにメールを送った後まで、そのことに気づきませんでした。現在、我が社の技術者たちが、私のコンピュータを分析しています。彼らに分かったことはお知らせします。

グレッグ

Check! セミコロン(;)は、2つの文を等位接続詞(andなど)なしで結ぶ時に使用されます。

ここがポイント 緊急を要することですので、まず事実を述べて、相手側に至急にしてもらいたい行動を伝えます。長いお詫び文などから始めないようにしましょう。「コンピュータがウィルスに感染する」は、人が病気に感染するのと同じ単語を使用して表現され、例文メールの表現以外にもThe last e-mail might have had a virus.「最新メールは、ウィルスに感染しているかもしれません」と言うことができます。

Subject: IMPORTANT! Read This Mail First!

Hey Naomi,

I'm very sorry about this, but **my computer is infected with a virus, and the last e-mail I sent might have passed it on to you.** (I'm sending this from my cell phone.) Please don't open the last e-mail from me. **Delete it and inform your IT department immediately.**

I'm terribly sorry about any problems this may have caused, but **I wasn't aware of it until after I mailed you**. My tech guys are analyzing my computer now; **I'll let you know** what they find.

Greg

Vocabulary

- infect／〜を感染させる
- virus／ウィルス
- pass *A* on to *B*／AをBに伝える、AをBに回す
- delete／〜を削除する
- IT department／IT部、情報技術部
- be aware of 〜／〜に気づいている、〜を分かっている

100 海外に出張する

定型表現

I will be visiting 〜 on business.

件名： ロサンゼルスへの出張

ローソン様

13日から19日まで、仕事でロサンゼルスへ参ります。もしもご都合がつくようでしたら、そちらのレコーディングスタジオにお伺いして、施設を見学させていただきたいと思っております。13日の夕方に到着するのですが、その夜は会議がございます。しかし、その日以外でしたら、予定の調整ができます。ご都合のよい日時がおありかどうかお知らせください。

来週、お目にかかるのを楽しみにしております。

敬具

キララ・タグチ

> **ここ が ポイント** 先方での見学を希望する場合は、まず、出張予定を述べてから、見学希望を伝え、相手側の都合を尋ねます。下記メールでは、I will be visiting Los Angeles ～と報告していますが、もし、まだ計画段階であれば I am planning to visit ～と表現しましょう。If your schedule allowsは、If possibleと置き換えることもできます。

Subject: Trip to Los Angeles

Dear Ms. Lawson,

I will be visiting Los Angeles on business from the 13th through the 19th. **If your schedule allows**, I would like to visit your recording studio and take a tour of your facilities. I'll be landing on the evening of the 13th, but I have a meeting that night. **Aside from that day**, however, **my schedule is flexible**. **Please let me know if you have a time and day that would work for you.**

I look forward to seeing you next week.

Best regards,

Kirara Taguchi

Vocabulary

- take a tour of ～／～を見学する
- facility／施設、設備（通常、この意味では複数形facilitiesで用いる）
- land／着陸する、到着する
- aside from ～／～を除いては（=except for ～ / apart from ～）
- flexible／融通の利く、柔軟な

101 出張・訪問日のスケジュール確認をする

定型表現

We will be meeting with ～

件名：	来月の訪問

ナカムラ様

3月24日の会合のお時間をもうけていただき、ありがとうございます。我々は3月23日の午後2時30分に、成田国際空港に到着いたします。24日の午前には、我が社の東京支社の担当者と会う予定です。我々の滞在中、彼がガイドを務めてくれることになっております。会合は午後4時の予定ですので、あなたとあなたの上司であるタグチ氏をお招きして、ヒルトンホテルでのディナーにご一緒していただきたいと思っております。会合に引き続き、お二人には是非ご出席して頂ければと願います。

敬具

トム・フィールズ

> **ここ が ポイント** 出張前の確認メールです。会合セッティングのお礼の一文にMarch 24という日付を入れることで、予定の確認も同時にとることができます。on the morning of the 24thと表現すると「24日」であることが強調され、in the morning of the 24thとすると「午前」であることが強調されます。ニュアンスの違いを知って使い分けてみてください。

Subject: Visit Next Month

Dear Ms. Nakamura,

Thank you for setting time aside to meet with us on March 24. We will land at Narita International Airport at 2:30 P.M. on March 23. On the morning of the 24th **we will be meeting with a representative from our Tokyo affiliate**. He will be acting as our guide during our stay. Since our meeting is set for 4:00 P.M., we would like to invite you and your supervisor, Mr. Taniguchi, to join us for dinner at the Hilton Hotel. **I do hope that you will both be able to join us following our meeting.**

Kind regards,

Tom Fields

Vocabulary

- set ~ aside／〜を確保する、〜を取っておく
- representative／担当者、代表者
- affiliate／支社、支部
- supervisor／監督者、管理者
- following／〜に続いて

102 商談・会議の打ち合わせをする

定型表現

I propose discussing ～

件名： **会議の議題**

マイク様

あなたたちのチームに検討してもらう**プロジェクトのスケジュール提案書を添付しました**。金曜日に会う時に、そのスケジュールやあなたたちのマーケティングプランに関する我々の意見について話し合いたいと思っています。（**感想は、遅くとも水曜日の終わりまでに準備します。**）

広告代理店のチームが、数時間だけしか時間が取れないので、**彼らがいる間にマーケティングの関連事項全てについて話し合うというのはどうでしょう**。その後に、我々で製造と検査について話し合うことができます。

何かご質問があれば、お知らせください。今週の金曜日に、お目にかかるのを楽しみにしております。

カナ

Check! If you cannot attend for some reason, please contact me.「事情により出席できない場合は、私にご連絡ください」も覚えておくと便利です。また、アメリカ英語では、a couple of ～のofを省略することがよくあります。

> **ここ が ポイント** 会議の内容について簡潔に報告したい場合は、The purpose of the meeting is to discuss the schedule and our feedback on your marketing plan. などの表現が使えます。また、会議内容に関する添付書類に目を通しておくことを強調するには、Please review the attached document before the meeting. と述べましょう。

Subject: Meeting Agenda

Dear Mike,

I've attached the project's proposed schedule for you and your team to review. When we meet on Friday, I would like to discuss the schedule and our feedback on your marketing plan. (**I'll get the feedback to you by Wednesday EOD at the latest.**)

Since the team from the ad agency will only be available for a couple hours, **I propose discussing all marketing-related issues while they are around**. After that we can discuss production and testing.

Let me know if you have any questions, and I look forward to seeing you this Friday.

Kana

Vocabulary

- agenda／予定表、会議事項
- EOD (=end of day)／その日の終わり
- at the latest／いくら遅くとも
- ad agency (=advertising agency)／広告代理店
- issue／問題(点)

103 会社への道案内の依頼

定型表現

I just have one last thing to ask of you 〜

件名： **Re：東京での会合**

サキ様

来週の会合の前に、**最後に一つだけ頼みたいことがあります。品川駅からあなたのオフィスへの明確な道順案内**を送っていただけますでしょうか。貴社のウェブサイト上の地図は少し曖昧ですし、見つけられた唯一の住所は日本語でした。日本に行くのは初めてですので、**道に迷うのではないかと少し緊張しています。**

よろしくお願いします。

スタン

ここ が ポイント I have something to ask of you.「あなたに頼みたいことがあります」という表現もありますが、あれこれと頼んだ後に「最後にあともう1つ」というニュアンスを込めたいときはI just have one last thing to ask of you.と言いましょう。困っている点や不安に思っていることを具体的に挙げると、相手側も対処がしやすいです。なお、I have something to ask you.であれば、「あなたに質問したいことがあります」の意味になります。ofがあるかないかで、意味ががらっと変わりますね。

Subject: Re: Meeting in Tokyo

Dear Saki,

I just have one last thing to ask of you before our meeting next week. Could you send me **precise directions to your office from Shinagawa Station**? The map on your website is a little vague, and the only address I could find was in Japanese. As it's my first time to visit Japan, **I'm a little nervous about getting lost**.

Thanks in advance.

Stan

Vocabulary

- precise／明確な、正確な
- directions／道順、方向
- vague／漠然とした、はっきりしない
- nervous／緊張した、気になって
- get lost／道に迷う

104 会社への道案内を伝える

定型表現

If you get lost or run into any problems, ~

件名： **Re：金曜日の会合**

ジャニス様

我々のオフィスを見つけるのは、とても簡単です。駅に着いたら、北出口を出てください。バスターミナルのところに出ます。右に曲がり、交差点を渡ってください。50メートルほどまっすぐに歩くと、右側にナカニシプラザが見えます。我々は3号棟の20階です。受付係に私の名前を言ってもらえれば、私に降りてくるよう電話をしてくれます。

道に迷ったり、困ったことになった場合は、私の携帯080-1234-5678にお電話ください。

では、金曜日に。

カオリ

Check! 一般的には、It's really easy ～と言いますが、アメリカ英語のインフォーマルな表現ではIt's real easy ～がよく使われます。また、Walk straight ... and you'll find ～「まっすぐ行くと～が見つかります」は、〈命令形＋and you will ～〉の定番表現です。

> **ここがポイント** もしも名称を挙げることができるならば、go along Akayama Street「赤山通りに沿って行く」やnext to the Aozora Building「青空ビルの隣に」などとしましょう。道案内をする場合は、具体的な名称や目印になる建造物などを伝えてあげると相手は助かります。また、単にturn right「右に曲がる」と言うよりも、turn right at the first corner「最初の角を右に曲がる」などとする方が、より明確で親切です。

Subject: Re: Meeting on Friday

Dear Janice,

It's real easy to find our office. When you get to the station, **please go out the north exit**. You'll come to a bus terminus. **Please bear right and cross the intersection. Walk straight for 50 meters or so and** you'll find Nakanishi Plaza on your right. We're on the 20th floor of Building 3. Just give my name to the receptionist and she'll call me down.

If you get lost or run into any problems, please call my cell at 080-1234-5678.

See you on Friday.

Kaori

Vocabulary

- get to 〜／〜に到着する
- terminus／ターミナル、終点(=terminal)
- bear／進む、曲がる(=turn)
- intersection／交差点
- on *one's* right [left]／〜の右手[左手]側に
- receptionist／受付係
- get lost／道に迷う
- run into 〜／(困難など)に遭う

105 訪問時の歓待にお礼を言う

定型表現

We can't thank you enough for your hospitality.

件名： サンディエゴへの訪問

ジョシュ様

お時間を割いて会っていただき、本当にありがとうございました。空港に迎えに来てくださり、またホテルまで送っていただきまして、ありがたい限りでした。素晴らしい滞在でした。予定していた以上のことを成し遂げただけでなく、町の名所を案内していただき楽しむことができました。ご親切なおもてなしに、お礼の申しようもございません。

もしも名古屋に来られるようなことがございましたら、我々の滞在中にしてくださったご親切のお返しをさせていただきますので、是非お知らせください。

敬具

マリコ

> **ここ が ポイント** 滞在中のおもてなしへのお礼を述べ、そして、そのお返しを約束するというのが基本的な展開です。hospitality「おもてなし」は、extend *one's* hospitality to ～「～を親切にもてなす」とよく表現されます。また、「お返しをする」のrepayを用いて、How can I repay you?「お礼の申しようもございません」と言うお礼の表現もあります。

Subject: Visit to San Diego

Dear Josh,

Thank you so much for taking the time to meet with us. **We appreciated your picking us up at the airport and taking us to our hotel.** We had a wonderful stay. Not only did we accomplish more than we had planned, we also enjoyed being shown the sights of the city. **We can't thank you enough for your hospitality.**

If you ever do make it out to Nagoya, please be sure to let me know so **I can repay some of the kindness you showed us** during our stay.

Best regards,

Mariko

Vocabulary

- pick ～ up／～を車で出迎える
- accomplish／～を成し遂げる
- show *someone* the sights of ～／(人)に～の名所に案内する
- hospitality／親切なおもてなし
- make it out to ～／～を訪問する
- repay／～に報いる、～に応える

106 海外からの客を迎える

定型表現

I'll pick you up at the airport.

件名： **Re：日本への旅行**

メアリー様

日本を訪れるご予定だと聞いて嬉しいです。フライト情報を私に送ってください。そうしていただければ、空港に迎えに行きます。ホテルの予約はもうなさいましたか。もしもまだであれば、手頃な価格で便利な場所にあるものをいくつかお勧めいたします。

日本に関して何かご質問があれば、どうぞご遠慮なくお尋ねください。

敬具

マコ

Check! 「ホテルを予約する」はreserve a hotelの他、make a hotel reservationやbook a hotel roomなどとも表現できます。なお、I'll pick you up at the airport.「空港に迎えに行きます」は定番表現です。

> **ここ が ポイント** 日本に来ることを歓迎する一文から始めましょう。また、一般的に自分が出来ることを提案します。Please advise me of your airline, flight number and arrival time.「航空会社、フライト番号、到着時間をお知らせください」やWhich hotel will you be staying at?「どちらのホテルに滞在なさいますか」などがよく使われます。

Subject: Re: Trip to Japan

Dear Mary,

That's wonderful to hear you're going to visit Japan. **Please send me your flight information and I'll pick you up at the airport.** Have you reserved a hotel yet? **If not, I have a few suggestions for** reasonable and conveniently located options.

If you have any questions regarding Japan, please don't hesitate to ask.

Best regards,

Mako

Vocabulary

- reserve／〜を予約する
- suggestion／提案
- reasonable／(値段が)手頃な
- conveniently／都合よく、便利に
- regarding／〜に関して

107 会議開催を伝える

定型表現

It's time to review them.

件名： **納品物検討会議**

プロジェクトメンバーの皆様

マキシムアートからアート納品物が届きましたので、**それらを検討しましょう**。明日の1時から3時に会議室13-Bを取っておきました。全ての納品物が、/Maximum/Deliveries/1014というプロジェクトのフォルダで見つかります。**必ず全部を検討して、会議で感想が言えるようにしておいてください**。皆さんに意見を述べてもらうつもりです。

芸術を楽しもう！

リチャード

Check! reserveは、場所などを取っておくという場合の「予約する」であり、make a reservation for ～「～の予約をする」と表現することもできます。一方、人と面会するなどの「予約する」は、make an appointment for ～「～の約束をする」と表現します。違いに注意して覚えておきましょう。

> **ここ が ポイント** 会議の内容と予定を述べ、それから、その会議までにしておくべきことを伝えましょう。「意見を言えるように」という表現は、bring your ideasやcome prepared with your opinionsなどと言うこともできます。また、下記メールでのexpectを使って、All members are expected to attend.「全員出席してください」との表現もあります。

Subject: Assets Review Meeting

Hello fellow project members,

The art assets from Maximum Art have arrived and **it's time to review them**. I've reserved Meeting Room 13-B for tomorrow from 1 to 3. You'll find all the assets in the project's folder under /Maximum/Deliveries/1014. **Please be sure to review all of them and prepare feedback for the meeting.** I expect everyone to give an opinion.

Enjoy the art!

Richard

Vocabulary

- asset／貴重品、納品物
- it's time to 〜／〜する時が来た
- give an opinion／意見を述べる

108 会議日程の変更・キャンセルを通知する
定型表現

I will send a notification to your calendars.

件名： **会議の日程変更**

皆のスケジュールに合わせるため、チームの新しいガイドラインに関する会議は、もとの日時から木曜日の午後1時に変更されました。皆のカレンダーに通知を送ります。

ポール

Check! 会議に関する重要表現を2つ覚えておきましょう。□ The meeting was canceled.「会議が中止になりました」 □ The meeting has been postponed to/until next week.「会議は来週に延期されました」

ここがポイント The meeting has been rescheduled for Thursday at 1:00 P.M.とも表現することができます。開始時刻の変更だけを言いたい場合は、The meeting will start at 1:00 P.M. instead of 3:00 P.M.などの表現を用いましょう。また、開始時刻に変更がない場合の表現として、The time will remain the same.「時刻に変更はございません」があります。

Subject: **Change to Meeting Day**

The meeting about new guidelines for the team **has been moved from its original time to** Thursday at 1:00 P.M. in order to accommodate everyone's schedules. **I will send a notification to your calendars.**

Paul

Vocabulary

- guideline／ガイドライン、指針
- accommodate／〜に適応させる
- notification／通知

109 見本市への出展を知らせる

定型表現

We will have exhibits and video presentations for ～

件名： 上海モーターショー

ヘラクレス・タイヤは、5月9日―12日にある今年の上海モーターショーで、展示ブースを設けます。場所は、ノースホールのブース＃3458になります。

ショーの期間中、Pro-Xレース用タイヤを含む当社製品全ての展示とビデオ紹介をいたします。ハイライトは、5月10日土曜日の午後2時にある、当社の最高経営責任者であり設立者であるジュンジ・タカハシの生のプレゼンです。

ショーの期間を通して、会社の販売員が待機し、製品に関するあらゆるご質問やご購入のお手伝いをさせていただきます。

今年のショーは、これまでで最大で最高のものになりそうです。ブース＃3458で皆様にお目にかかれることを願っております。

> **ここ が ポイント** 出展する展示会の名称、開催日、ブース番号をまず伝えましょう。そして、出展品や目玉となるものがあればその詳細を記します。場所の説明は、Hercules Tires will be at booth #3458 in the North Hall. と簡潔に言うこともでき、結びには、We look forward to seeing you all at booth #3458. やPlease stop by our booth.「お立ち寄りください」などの表現を用いて、見に来てもらうよう促します。

Subject: Shanghai Motor Show

Hercules Tires will be exhibiting a booth at this year's Shanghai Motor Show from May 9-12. **We will be located in** the North Hall at booth #3458.

During the show **we will have exhibits and video presentations for all our products**, including our Pro-X race tires. **The highlight will be a live presentation** led by our CEO and founder Junji Takahashi on Saturday May 10th at 2:00 P.M.

Throughout the show, company representatives will be on hand to assist you with any product inquiries or purchases.

This year's show promises to be the biggest and best one yet. We hope to see you all at booth #3458.

Vocabulary

- exhibit／動 ～を展示する、～を公開する　名 展示
- booth／ブース
- be located in ～／～に位置する
- be on hand／近くに居合わせている
- assist／～を手伝う、～を支援する
- inquiry／問い合わせ、質問
- purchase／購入

110 株主総会開催のお知らせ

定型表現

~ is pleased to announce that its annual meeting for all shareholders will be held ...

件名： ナカムラ産業年次株主総会

主要株主様

3月29日午前9時に東京のフジ公会堂にて、ナカムラ産業は、全株主対象の年次総会を開催することをお知らせ致します。

添付したファイルには地図と総会の議題が入っており、株主の方々とのパイプ役であるヒロ・ヤマグチの連絡先もございます。今年の業績報告書の概要が分かりますので、ご出席前に議題をご覧ください。総会では、新しい取締役会を選出する投票も行われます。

全業績報告と立候補者の人物紹介は、総会に先立ち、郵便にてお届けします。資料が3月22日までに届かない場合には、ヤマグチにご連絡ください。彼が、必ずお手元に間に合うようにお届け致します。

ナカムラ産業一同、いつもご助力いただいておりますことに感謝申し上げます。来月に、これからの展望をみなさまと共有できることを楽しみにしております。

トモコ・ノグチ
最高財務責任者

Vocabulary

- shareholder／株主
- contain／〜を含む
- agenda／議題
- liaison／連絡係
- summary／概要、要旨
- performance／業績、実績

> **ここが ポイント** まずは、株主総会開催のお知らせ、開催日時、開催場所を明記します。開催のお知らせは、他の定番表現を使ってThis is a notification of the Nakamura Industries Annual Shareholder Meeting.とも表現できます。添付ファイルや別に郵送されるものがある場合は、その内容についても述べておきましょう。

Subject: Nakamura Industries Annual Shareholder Meeting

Dear Valued Shareholder:

Nakamura Industries **is pleased to announce that its annual meeting for all shareholders will be held** at Fuji Auditorium in Tokyo on March 29 at 9:00 A.M.

The attached file contains a map and agenda for the meeting, as well as contact information for our shareholders' liaison, Mr. Hiro Yamaguchi. **Please review the agenda before attending**, as you will find a summary of this year's performance report. **During the meeting a vote will be held to elect a new board of directors.**

The full performance report and profile summaries for the candidates will reach you by post prior to the meeting. If your materials have not arrived by March 22, please contact Mr. Yamaguchi and he will ensure you receive them in time.

We at Nakamura Industries thank you for your continued support, and we look forward to sharing **our vision for the future** with you next month.

Sincerely,

Tomoko Noguchi, CFO

- ☐ **vote**／投票
- ☐ **board of directors**／取締役会、理事会
- ☐ **candidate**／候補者
- ☐ **prior to ～**／～より前に
- ☐ **in time**／間に合って
- ☐ **vision**／展望

111 パーティーに招待する

定型表現

We'd like to throw him a going-away party at 〜

件名： お別れパーティー

皆さん、こんにちは

皆さんもご存じのように、リードは東京に引っ越すため、今月末にいなくなってしまいます。26日金曜日に、中心街にあるステーキレストランのジョナサン、もしくは1号線のはずれにあるインド料理店で、彼へのお別れパーティーを開きたいと思います。リードは、特にどちらの方が良いというのはないと言っていました。時間の都合がつくかどうか、そしてどちらのお店がよいかをできるだけ早くお知らせください。

皆さんのご参加を願います。

マイク

Check! retireは「定年退職する」の意味で、Reed will be retiring the end of this month.「リードは、今月末に定年退職します」のように使います。なお、quit「辞職する」は口語表現であり、文章ではあまり使用しません。

> **ここ が ポイント** お別れパーティー[送別会]開催のお知らせをして、開催日時と場所を伝え、出欠の返事を求めるという構成にしましょう。throw a going-away partyは「お別れパーティーを開く」のカジュアルな表現です。give a partyやhave a partyと同じ意味です。これ以外にも、organize a farewell party「お別れパーティーを企画する」、arrange a good-bye party「お別れパーティーを計画する」などの表現も覚えておくとよいでしょう。堅い表現を使って、A farewell party for Reed will be held at 〜とすることも可能です。

Subject: **Farewell Party**

Hello All,

As you're all aware, Reed will be leaving us at the end of this month to move to Tokyo. We'd like to throw him a going-away party at either Jonathan's, the steak restaurant downtown, or the Indian restaurant off Route 1 on the 26th, Friday. Reed told me he doesn't have a preference. **Please let me know about your availability and restaurant preference A.S.A.P.**

Hope to see you all there.

Mike

Vocabulary

- throw a party／パーティーを開く
- going-away／別れの
- preference／(何かを比較して)好きなもの、ひいき
- availability／可能性、空き時間
- A.S.A.P (= as soon as possible)／できるだけすぐに

112 パーティーへの出席を伝える

定型表現

Count me in for ～

件名： **Re：お別れパーティー**

やあ、マイク

リードのお別れパーティーに私も参加させてください。 私は、インド料理のお店に一票です。というのも、そこに行ったことがないですし、ジョナサンズへは6月のステイシーの誕生日で行ったからです。

そのイベントの準備で助けが必要ならば、知らせてください。

アツシ

> **ここが ポイント** Count me in for Reed's farewell party. は口語的表現ですので、仲間同士のカジュアルなパーティーの出席を伝えるときに使用するようにしましょう。公式パーティーへの出席には、I would be delighted to accept your kind invitation.「喜んでご招待をお受け致します」などの堅い表現を使うこともあります。

Subject: Re: Farewell Party

Hey Mike,

Count me in for Reed's farewell party. I vote for the Indian restaurant, just because I've never been there and because we went to Jonathan's for Stacey's birthday in June.

If you need any help organizing the evening, please let me know.

Atsushi

Vocabulary

□ count ～ in／～を仲間に入れる　　□ vote for ～／～に賛成の投票をする

113 パーティーへの欠席を伝える

定型表現

I won't be able to attend.

件名： **Re：お別れパーティー**

こんにちは、マイク

リードのお別れパーティーに招待していただき、ありがとうございます。残念ながら、その日、私は遠方に出かけますので、**出席することができません。リードが行ってしまう前に、ランチにお誘いできるか考えておきます。**贈り物のためのお金を集めるのであれば、必ず私も加えてください。

ありがとう

サキ

Check! I'll ～ / I won't ～などの短縮形は、フォーマルなEメールでは使用しません。フォーマルなEメールでは、I will ～ / I will not ～などとするのが一般的です。

> **ここ が ポイント** パーティーへのお誘いのお礼を述べてから、欠席とその理由を伝えます。具体的な理由を述べなくてもUnfortunately, I have another appointment.「残念ながら、先約があります」などと加えましょう。また、参加したくないとの誤解を避けるためには、下記メールのI'll see if 〜「〜かどうか考えてみます[確かめてみます]」などを使って代案を述べるなどしましょう。

Subject: Re: Farewell Party

Hi Mike,

Thanks for the invite to Reed's going-away party. Unfortunately, I'll be out of town that day so **I won't be able to attend. I'll see if I can take Reed out to lunch before he leaves.** If you collect money for a gift, be sure to count me in.

Thanks,

Saki

Vocabulary

- going-away／別れの
- out of town／遠方に出かけて、出張に出かけて
- take *A* out to *B*／AをBに連れ出す

114 会社移転のお知らせ

定型表現

~ will move its Tokyo headquarters to ...

件名： **会社の新住所**

オースティン様

FutureSoft社は5月23日、東京本社を東京の中心部へと移しますことをお伝え致します。新しい連絡先は、次の通りです。

〒162-0065
東京都新宿区住吉町1−2−3
FutureSoft株式会社

電話：+81-3-9999-9999
Fax: +81-3-9999-8888

会社の全てのEメールアドレスや携帯番号につきましては、変更はございません。

引き続きお取引いただきますようお願い申し上げます。

アキ・キムラ

Check! FutureSoft is pleased to announce the relocation of its Tokyo headquarters to 1-2-3 Sumiyoshi-cho, Shinjuku-ku, Tokyo 162-0065 on May 23.「FutureSoft社は5月23日に、〒162-0065東京都新宿区住吉町1−2−3に本社を移転することをお知らせいたします」と一文で表すこともできます。

> **ここが ポイント** 会社の移転のお知らせをして、新住所を報告しましょう。
> We(I) would like to inform you that our address will change as of May 23.「会社の住所が5月23日付で変更いたします」、Our new address is as follows:「新住所は以下の通りです」などの表現も使うことができます。後者の表現には、コロン(：)を付けるのを忘れないように注意しましょう。

Subject: **New Company Address**

Dear Mr. Austin,

I am pleased to announce that FutureSoft **will move its Tokyo headquarters to a central location in Tokyo** on May 23. **Our new contact information is**

FutureSoft, Inc.
1-2-3 Sumiyoshi-cho
Shinjuku-ku, Tokyo
162-0065

Phone: +81-3-9999-9999
Fax: +81-3-9999-8888

All company e-mail addresses and cell phone numbers will remain unchanged.

We look forward to our continued business partnership.

Sincerely,

Aki Kimura

Vocabulary

- headquarters／本社(「本社」という意味の名詞で使う場合、複数形headquarters)
- remain unchanged／変わりがない
- business partnership／事業提携

115 支社・支店新設のお知らせ

定型表現

~ will open a new branch office in ...

件名： **新しい支社**

オースティン様

FutureSoft社は、アジアのお客様により良いサービスを提供するため、6月8日に韓国のプサンに新しく支社を開くことになりました。この支社は、韓国、中国、台湾、シンガポールとの取引の大半を扱うことになります。これらの地域でのビジネスをお考えであれば、お手伝いさせていただく弊社プサン支社の担当者を喜んでご紹介させていただきます。

引き続きお取引きいただきますようお願い申し上げます。

敬具

アキ・キムラ

Check! Should you wish to do business in any of these regions, ～「もし、この地域でのビジネスをお望みであれば～」は、Shouldを文頭に置く仮定文です。Ifを使えば、If you should wish to do business in any of these regions, ～となります。

> **ここがポイント** 会社の新住所のお知らせ同様、We are [I am] pleased to announce that ～; We [I] would like to inform you that ～「～をお知らせします」の定番表現を使いましょう。新しい支社による更なるビジネス取引を促す一文で結びます。

Subject: **New Branch Office**

Dear Mr. Austin,

I am pleased to announce that FutureSoft will **open a new branch office in Pusan, Korea** on June 8 to better serve our clients in Asia. This office will **handle the majority of transactions with** Korea, China, Taiwan, and Singapore. Should you wish to do business in any of these regions, **I would be happy to introduce you to representatives from our Pusan office** to assist you.

We look forward to our continued business partnership.

Sincerely,

Aki Kimura

Vocabulary

- branch office／支社、支店
- handle／～を扱う、～を対処する
- majority／大半、多数
- transaction／取引
- region／地域
- representative／担当者、代表
- assist／～を助ける

116 転勤・異動のお知らせ

定型表現

I will be moving to ～

件名：　**ロンドン支社へ異動**

ヒロコ様

ヨーロッパのマーケティング業務を監督するため、7月末にロンドン支社へと異動いたします。一緒に取り組んだ全てのプロジェクトでお世話になり、感謝申し上げます。

ミシェル・バーチが、当社の日本での業務を引き継ぎます。私は、このメールを彼女にも(CCで)送っています。ミシェルなら何でも安心してお任せできます。

ご多幸をお祈り致します。ロンドンに来られることがありましたら、どうぞお知らせください。

敬具

レイモンド

Check! 堅いお礼文として、It has been a great privilege to work with you.「ご一緒にお仕事ができ、たいへん光栄でした」が定番です。また、I will be relocated to London.「私は、ロンドンに転勤になります」と表現できることも覚えておきましょう。

> **ここがポイント** 異動になることを伝え、今までのお礼を述べてから、後任などについて知らせます。下記のメールよりもより公式的なメールの場合は、This is to inform you that I will be transferred to ～ / I am pleased to inform you that I will be transferred to ～「～へ異動となりますことをお知らせいたします」などの定番表現を使用しましょう。

Subject: **Transfer to London Office**

Dear Hiroko,

I will be moving to our London office at the end of July to oversee our European marketing efforts. **I would like to thank you for your support on every project we worked on together.**

Michelle Birch will be taking over our Japan account, and I've taken the liberty of including her in this mail. You are in good hands with Michelle.

I wish you all the best. Please let me know if you ever make it out to London.

Best regards,

Raymond

Vocabulary

- transfer／異動、転勤
- oversee／～を監督する
- efforts／[複] 業績
- work on ～／～に取り組む
- take over／～を引き継ぐ
- in good hands／安泰で

117 会社買収・合併のお知らせ

定型表現

~ is pleased to announce plans to merge with ...

件名： **AP株式会社との合併の発表**

ナカムラ産業は、2016年会計年度末に、AP株式会社と合併する予定であることをお知らせいたします。合併は、まず各会社の多数の株主により、そしてその後、東京証券取引所により承認されました。4月には、両会社はAPナカムラという新しい社名のもと、再上場致します。

合併に関する更なる情報は、www.APNakamura.jp/info/Englishを見ていただくか、我が社の広報部+81-3-1234-4321へご連絡ください。

弊社は新しい社名での活動開始を強く願っております。今後ともご支援をお願い致します。

Check! 次の関連表現も覚えておきましょう。□ We will operate under the new name of AP Nakamura「新しい社名A P Nakamuraとして営業致します」

> **ここ が ポイント** 合併する事実を述べ、合併後に変わることなどを説明します。よく目にするM&Aはmergers and acquisitions「合併吸収(つまり、吸収合併)」の意味です。Nakamura Industries has acquired AP Corp.「ナカムラ産業はAP株式会社を買収しました」、Nakamura Industries has been merged into AP Corp.「ナカムラ産業はAP株式会社に吸収されました」との表現だと意味が異ってきます。

Subject: **Announcement of Merger with AP Corp.**

Nakamura Industries **is pleased to announce its plans to merge with AP Corp at the end of fiscal 2016**. The merger was first approved by each company's majority stockholders and then the Tokyo Stock Exchange. In April **both companies will be relisted under the new name of** AP Nakamura.

For further information regarding the merger, please visit www.APNakamura.jp/info/English, or contact our public relations department at +81-3-1234-4321.

We are eager to begin operations under our new name, and we look forward to your support.

Vocabulary

- merger／(会社などの)合併
- merge with ~／~と合併する
- fiscal／会計の
- stockholder／株主
- relist／~を再上場する、~を再び記載する
- public relations department／広報部
- be eager to ~／~したいと思う
- operations／仕事、活動(これらの意味で用いる場合は、複数形であることが多い)

118 会社休業日のお知らせ

定型表現

Our offices will be closed and ～

件名： **改装のため会社休業**

お得意様各位

リニュー株式会社は、8月3日から24日まで、本社の改装工事を致します。この期間中、電話によるカスタマーサービスでのご質問は変わらず承ります。しかしながら、会社の方は閉鎖され、8月25日まで入っていただくことはできません。この間、ご迷惑をおかけしますことをお詫び申し上げます。我が社を最新式にして、より良いサービスをさせていただきたいと願っております。

ご理解いただきありがとうございます。またお取引いただきますようお願い申し上げます。

Check! 「休業」に関する関連表現を覚えておきましょう。 □ be closed for ～ from August 3 through August 24「～のため、8月3日から8月24日まで休業する」 □ be closed for ～ on August 2, 8 and 22「～のため、8月2日、8日、22日は休業する」

> **ここ が ポイント** 改装のための休業の期間を伝え、その間のサービスについて述べましょう。下記メールのuntil(Our offices ～ will not be open to visitors until 25th August.)が、25日を含むのかどうか曖昧に思われて心配な場合は、Our offices will reopen on 25th August.とすればストレートではっきりしてよいでしょう。

Subject: Office Closed for Renovations

To Our Valued Customers:

Renew Corp **will be renovating its headquarters from August 3rd-24th**. During this time our Customer Service line will remain available for your inquiries. **Our offices, however, will be closed and will not be open to visitors until 25th August.** We apologize for any inconvenience during this time, but we hope to better serve you by modernizing our offices.

Thank you for your understanding, and we look forward to serving you soon.

Vocabulary

- renovation／改装、修復
- renovate／～を改装する、～を改修する
- inquiry／問い合わせ
- apologize／謝罪する
- inconvenience／不都合、迷惑
- modernize／～を最新式にする

119 営業時間変更をお知らせ

定型表現

We will have new business hours.

件名： 営業時間の変更

お客様各位

4月1日より、弊社の営業時間は新しくなります。毎週火曜日から金曜日までは午前10時より午後7時まで、土曜日は午前10時より午後8時まで、そして日曜日は午後12時より午後6時までの営業となります。引き続き、月曜日は当店の休業日とさせていただきます。

新しい営業時間がよりご利用しやすいと思っていただけることを願っております。またのご来店を心よりお待ち申し上げております。

敬具

クレア・ライアンズ

Check! 次の関連表現も覚えておきましょう。 □ We would like to inform you about the change in our business hours.「営業時間の変更をお知らせいたします」 □ This is to inform you that our business hours will change from April 1.「4月1日から営業時間が変更されることをお知らせいたします」

> **ここ が ポイント** 営業時間がいつから変更になるのかを知らせ、変更後の営業時間を明記しましょう。As of April 1 our business hours will change as follows:「4月1日より、営業時間が下記の通り変更いたします」と始めて、営業時間を箇条書きにするのも分かりやすいです。

Subject: Change to Business Hours

To All Our Customers:

We will have new business hours starting on April 1. We will be open every Tuesday to Friday from 10:00 A.M. to 7:00 P.M., on Saturdays from 10:00 A.M. to 8:00 P.M., and on Sundays from 12:00 P.M. to 6:00 P.M. The shop will remain closed on Mondays.

We hope that you will find the new hours more accommodating, and we look forward to seeing you again soon.

Sincerely,

Claire Ryans

Vocabulary

- business hours／営業時間
- accommodating／順応しやすい、扱いやすい

120 取引先を紹介する

定型表現

I can give your contact information to ～

件名： ビジネスパートナー候補

やあ、デイヴ

数か月前、見本市のためにアジアのさまざまな所へ機器を輸送してくれる人を探していると言っていましたよね。先週、あなたが探しているまさにそのサービスを専門とするグローバルAPの担当者と会いました。もしもお望みなら、その担当者にあなたの連絡先を伝えて、彼女に連絡を取ってもらうことができますよ。

ヨウコ

> **ここが ポイント** 紹介する会社の概要とその会社を紹介する理由を述べましょう。下記メールのような一文で始めると、送信先の相手が探しているビジネスパートナーの確認、紹介する理由、会社の概要を一度に述べることができます。また、There is a potential business partner that specializes in ～「～を専門としているビジネスパートナー候補がいます」などとも表現できます。

Subject: Potential Business Partner

Hey Dave,

A few months ago you told me you were looking for someone to **ship your equipment to multiple locations in Asia** for trade shows. Last week I met with **a representative** from Global AP **that specializes in the exact service you're looking for**. **If you would like, I can give your contact information to the representative** and have her contact you.

Yohko

Vocabulary

- **potential**／潜在的な
- **multiple**／多様の（manyやvariousよりも堅い語）
- **trade show**／見本市、展示会（＝trade fair）
- **specialize in ～**／～を専門にする
- **exact**／まさにその、ぴったりの

121 不在通知

定型表現

I will be out of the office on a business trip to ～

件名： オフィスを留守にします

リー様

11月5日から11月15日まで、ロサンゼルスへの出張のため、オフィスを留守にします。Eメールにはアクセスできるでしょうが、レスポンスタイムは遅くなるかもしれません。もしも至急のご用件がございましたら、フナコシ（k_funakoshi@office.com）にご連絡していただくか、私の携帯090-1234-4321にお電話ください。

敬具

ミキ・フジキ

> **ここが ポイント** 不在通知は、不在の理由とその期間(あるいは日)を明記します。そして、その間の緊急連絡先などを伝えましょう。During this period, you can reach me at 090-1234-4321.「その期間中は、090-1234-4321 にお電話ください」やPlease contact Ms. Funakoshi at k_funakoshi@office.com.「k_funakoshi@office.comで、フナコシにご連絡ください」と表現することもできます。

Subject: Out of Office

Dear Mr. Lee,

I will be out of the office on a business trip to Los Angeles from November 5 through November 15. I will still have access to e-mail, but **my response time may be slow**. **If you should have any urgent matters**, please contact Ms. Funakoshi (k_funakoshi@office.com), or call my cell phone at 090-1234-4321.

Best regards,

Miki Fujiki

Vocabulary

- be out of the office／会社を不在にする、外出中である(＝be away from the office)
- response time／レスポンスタイム、応答時間
- have access to ～／～にアクセスできる
- urgent matter／緊急事項

122 担当者変更のお知らせ

定型表現

As of next week I will be taking over ～

件名： **新しい経理部長**

クラーク様

エイコ・ナカガワと申します。**来週付で、私が貴社の業務をフジタに代って担当させていただきます。**フジタが既にご報告させていただいておりますように、ここ数か月間、彼の仕事を見ておりましたので、貴社とのごく最近のお取引については把握いたしております。

ご一緒にお仕事ができることを楽しみにしております。もしもご質問やご用件がございましたら、どうぞ遠慮なくご連絡ください。**できるだけ円滑に引き継ぎをしますことをお約束いたします。**

敬具

エイコ・ナカガワ

Check! take over ～という熟語は、take over A from B「BからAを引き継ぐ」、take over A for B「Bに代わってAを担当する」のように使います。さらに、It will be a great pleasure to work with you.「ご一緒にお仕事をさせていただくことを光栄に存じます」も定番表現として覚えておきましょう。

ここがポイント 簡単な自己紹介から始めて、引き継ぎの報告をします。take over ~「~を引き継ぐ」が一般的によく使われますが、replace「~の後任になる」を使った I will be replacing Mr. Fujita.「フジタの後任となります」という表現もあります。引き継ぎにより、相手側に迷惑や混乱が生じないことを伝えましょう。

Subject: **New Account Manager**

Dear Ms. Clark,

My name is Eiko Nakagawa, and **as of next week I will be taking over your account for Mr. Fujita**. As he has already informed you,
I have been shadowing him for the past few months, and I am up to speed on your most recent dealings.

I am looking forward to working with you and your company. Please do not hesitate to contact me if you should have any questions or concerns. **I promise to make the transition as smooth as possible.**

Best regards,

Eiko Nakagawa (Ms.)

Vocabulary

- as of ~／~以降は、~をもって
- take over ~／~を引き継ぐ
- shadow／~に付きまとう
- up to speed／事情をよく把握して
- dealing／取引
- transition／移行

123 価格変更のお知らせ

定型表現

～ will affect the total price of ...

件名： 価格変更のお知らせ

大切なお取引先様

来る4月1日からの増税にともない、我が社の製品とサービスの総額に変更が生じます。（基本価格には変更はございません）。添付しております価格変更の総一覧表の書類をご覧ください。

この件に関しまして、ご理解いただきますようお願い申し上げます。何かご質問がございましたら、メールをお送りいただくか、+81-6-123-4321までお電話ください。

敬具

ジン・タケウチ

Check! 関連表現として、Due to the tax increase, the price change will come into effect on April 1.「増税のため、4月1日より価格が変更になります」も覚えておきましょう。

> **ここがポイント** どのような理由により、いつから価格が変更されるのかをまず伝えましょう。価格変更のための添付ファイルなどがある場合は、そのことも述べます。また、ある特定の物の価格変更を言いたいのであれば、The price of 〜 will increase from $200 to $230.「〜の価格は200ドルから230ドルに値上がりします」などの表現を使います。

Subject: **Notification of Price Change**

Dear Valued Customers,

The upcoming tax increase on April 1 will affect the total price of our products and services. (The base price will remain the same.) **Please view the attached document for** a complete list of price changes.

We thank you in advance for your understanding on the matter. If you should have any questions, please e-mail me, or call me at +81-6-123-4321.

Best regards,

Jin Takeuchi

Vocabulary

- upcoming／来る、今度の
- tax increase／増税
- affect／〜に影響を及ぼす
- base price／基本価格
- view／〜を見る
- price change／価格変更

124 新商品・サービスのお知らせ

定型表現

This is the time to rejoin us!

件名： **新しい市場分析**

お得意様各位

Ace Researchは、世界的な市場調査データベースを南アメリカや東アジアの市場を含むものへと拡張しましたことをご報告いたします。月々の手数料は変わらず、今や、ブラジル、ペルー、ベトナム、タイやその他の国々のための広範囲にわたる最新市場分析や消費者動向図にアクセスしていただけます。

ビジネスを拡大するおつもりであれば、私どもが、お選びの地域での足がかりを得るのに必要な情報を揃えております。そして今では、かつてないほど、より多くの情報をすぐに入手できます！

もしもご利用の期限が切れたままでしたら、この機会にもう一度ご加入を！

ウィルバー・マークス

Vocabulary

- expansion／拡張、拡大
- world-class／世界に通用する、世界レベルの
- market research／市場調査
- database／データベース
- include／〜を含む
- monthly fee／月額料金
- extensive／広範囲にわたる
- up-to-date／最新の
- market analysis／市場分析（analysesは複数形）
- consumer trend／消費者動向

> **ここ が ポイント** 新サービスのお知らせですので、相手の興味を引くような文にします。Ace Research is excited to announce ～と表現するのもよいでしょう。新サービスの特徴、利用方法などを述べて、最後に相手の行動を促すような一文で結びます。

Subject: **New Market Analyses**

Dear Valued Customers,

Ace Research is pleased to announce **the expansion of our world-class market research database to include South American and East Asian markets**. **For the same monthly fee** you can now access our extensive, up-to-date market analyses and consumer trend maps for Brazil, Peru, Vietnam, Thailand, and more.

If you're looking to expand your business, we have the information you need to get a foothold in the regions of your choice, and now you have more information at your fingertips than ever before!

If you've let your subscription lapse, this is the time to rejoin us!

Sincerely,

Wilbur Marks

- □ **foothold**／足がかり、足場
- □ **have ~ at** *one's* **fingertips**／～がすぐに手に入る、～をすぐに利用できる
- □ **subscription**／申し込み
- □ **lapse**／失効する
- □ **rejoin**／～に再加入する

125 商品製造・サービス中止のお知らせ

定型表現

This notice is to alert you that ～

件名： Version3.0のサービス終了

お客様各位

本通知は、来たる6月1日、Mangowareソフトウェア Version3.0のセキュリティー更新が終了することを皆様に前もってお知らせするものです。 Mangoware3.0は、世界中の特化型コンピュータにとって信頼できるOSでした。進化するテクノロジーのスピードに合わせるため、**我々は変化し続ける要求にお応えできるよう努力してまいりました。**

Mangoware3.0は今後もご利用していただけますが、セキュリティー機能が適用し続けるという保証はもはやできかねます。

コンピュータご利用のためには、Melonware1.0にグレードアップすることをお勧めいたします。

Mangowareをご支援いただきありがとうございます。

> **ここ が ポイント** まず、いつどのサービスが終了するのかを明記します。そして、その理由を丁寧に説明し、今後どのようにすればよいのかを述べましょう。相手が予期していなかったサービス終了などには、We regret to inform you that ～「残念ながら～であることをお知らせいたします」やWe apologize for any inconvenience this may cause.「ご迷惑をおかけしますことをお詫びいたします」を使います。

Subject: **End of Service for Version 3.0**

Dear Customers,

This notice is to alert you that come June 1 we will no longer be providing security updates for our Mangoware software version 3.0. Magoware 3.0 has been a reliable OS for specialized computers the world over. In order to match the speed of evolving technology, **we have endeavored to meet your changing needs**.

While you are welcome to continue using Mangoware 3.0, we can no longer guarantee its security features will remain current.

We encourage you to upgrade to Melonware 1.0 **for all your computing needs**.

Thank you for supporting Mangoware.

Vocabulary

- alert／～に注意を喚起する
- reliable／信頼性のある
- specialized／特化した
- evolving／進化していく
- endeavor／努める
- current／最新の、受け入れられている

126 特別キャンペーンのお知らせ

定型表現

We will be holding a limited-time sale on 〜

件名： オフィス用品セール

お客様、ご注目ください！

10月1日より、私どもはオフィス家具全品を通常価格の10−50%引きで、期間限定セールを開催いたします。 さらに、200ドルを超える国内へのご注文は、送料無料となります。

セールは10月5日までですので、今すぐお買い求めください！

Check! 次の関連表現も覚えておきましょう。 □ Here is a special offer for our customers.「お客様への特別キャンペーンのご案内です」 □ We will start a limited-time sale on October 1.「10月1日に、期間限定セールを開始いたします」 □ You'll receive a 10-50% discount until October 5.「10月5日まで、10−50%割引きとなります」

> **ここ が ポイント** どれだけ値引きされるのか、期限はいつまでかを相手側の購買意欲がわくように書きましょう。下記メールのように、Starting October 1 〜と始めて、最後にShop now because the sale ends on October 5! とすると、期間限定セールであることが相手側に強調されます。また、送料無料などの特別サービスなどがあれば、それも述べましょう。

Subject: **Office Supplies Sale**

Attention customers!

Starting October 1, we will be holding a limited-time sale on all office furniture, with discounts from 10-50% off our regular prices. In addition, all domestic orders over $200 **will receive free shipping**.

Shop now because the sale ends on October 5!

Vocabulary

- office supply／事務用品
- limited-time／期間限定の
- office furniture／オフィス家具
- regular price／通常価格
- in addition／さらに
- domestic／国内の
- free／無料の
- shipping／輸送料、配送料

127 ホームページリニューアルのお知らせ

定型表現

~ is pleased to announce our redesigned website

件名： 改善されたウェブサイトをご覧下さい！

Frantacorpは、皆様が必要とされるサービスを煩わしさなく見つけられるよう、ウェブサイトをリニューアルしたことをお知らせします。新しい特徴には、次のようなものがございます。

— ウィンドウ内のピクチャービュワー
　製品イメージを見るとき、ページはそのまま。
— 比較と保存
　「比較する」のボックスに製品を5つまで入れて、それぞれの製品の特徴を同時に見る。
— 即時のサポート
　自社特許のビデオチャット技術により、顧客対応の担当者本人にいつでもアクセスしていただけ、お客様の注文のお手伝いをしたり、最近お買い上げいただいたものについての質問にお答えしたり致します。

新しいFrantacorpのウェブサイトをチェックして、新しくなったところを見てください！

Check! 日本語で使う「ホームページ」は、英語ではwebsiteと言います。英語のhomepageは、websiteのhomeのページを指します。一方、user-friendly「ユーザーフレンドリー（使用者にとって使いやすい）」は、英語でも形容詞として使用されます。

> **ここ が ポイント** リニューアルされたことを伝えて、新しくなった特徴を述べましょう。特徴が複数の場合は、下記メールのように箇条書きにすると分かりやすいです。offer more timely information「よりタイムリーな情報を提供する」、Please click here. / Please click the URL.「ここをクリックしてください／URLをクリックしてください」などの表現は、和製英語的な響きですが英語表現として使用できます。

Subject: **Check out our improved website!**

Frantacorp **is pleased to announce our redesigned website** so you can find the services you need without any hassles. **Some new features include**

-In-window picture viewer
　Stay on the same page when viewing product images.
-Compare and save
　Place up to five products in our "Compare" box and view the features of each product simultaneously.
-Real-time support
　With our patented video chat technology, you can access a live customer representative at any time to assist you with your order, or to answer questions about a recent purchase.

Come check out the upgraded Frantacorp website and see what's new!

Vocabulary

□ **improve**／〜を改善する、〜を向上させる
□ **redesignd**／〜をリニューアルする
□ **hassle**／面倒なこと
□ **feature**／特徴
□ **simultaneously**／同時に
□ **real-time**／即時の、実時間の

128 社内システムメンテナンスのお知らせ

定型表現

We will be performing maintenance service on the servers 〜

件名： **サーバーメンテナンス**

金曜日の午後8時から日曜日の午後6時まで、**サーバーメンテナンスを行います**。この間、会社のアカウントからのEメール送受信のみならず、会社のサーバーでのデータアクセスに問題が生じるかもしれません。

サーバーは月曜日の勤務時間前には、**正常に作動するようになります。**

Check! Due to server maintenance, the service will be interrupted (be shut down / not be available).「サーバーメンテナンスのため、サービスは利用できません」の表現もよく使われます。

> **ここがポイント** サーバーメンテナンスが行われる日時を明記し、その間の影響についても具体的に述べましょう。We will be conducting our server maintenance as scheduled below:「下記の予定でサーバーメンテナンスを行います」と述べて、箇条書きで日時を挙げるのも一般的です。

Subject: Server Maintenance

We will be performing maintenance service on the servers from Friday 8:00 P.M. to Sunday 6:00 P.M. During this time you may have trouble accessing data on the company servers as well as sending or receiving e-mails from your company account.

The servers will be running normally before the start of the workweek on Monday.

Vocabulary

- server／サーバー
- maintenance／メンテナンス
- have trouble 〜ing／〜するのに苦労する
- *A* as well as *B*／BだけでなくAも
- workweek／1週間の労働時間、週の勤務時間

129 アンケートへの協力を求める

定型表現

Please follow the link below to fill out the survey.

件名： **E-Solutionsの顧客アンケート調査**

E-Solutionsのお客様

E-Solutionsは、皆様のサーバーやネットワークの問題解決にあたり一番に選んでいただき続けるため、常にサービスの改善に努めております。そのために、少しお時間を割いていただき、弊社の対応に関しましてご意見を述べていただければ、とても有難く存じます。

以下のリンクをたどって、アンケート調査にご記入ください。数分のお時間を頂戴するだけで、お客様とのやりとりを改善するための貴重な情報を与えていただくことになります。

ご助力いただきありがとうございます。

Check! spareは「（…のために）〜を割く」の意味であり、Could you spare a few minutes for me? 「お時間を少しいただけますでしょうか」は定番表現です。

> **ここが ポイント** アンケート調査への協力を申し出てから、オンラインでの回答の仕方を伝えましょう。アンケートに参加をお願いする表現として Would you mind participating in our customer survey about our services? を使うこともできますが、下記メールの表現の方がより丁寧です。アンケートへの協力ですので、アンケートの重要性を述べ、相手側に丁重にお願いする文面にしましょう。

Subject: E-Solutions Customer Survey

Dear E-Solutions Customer,

We at E-Solutions are always striving to improve our services in order to remain your number one choice for server and network solutions. To that end, **we would greatly appreciate it if you could spare a few moments to give some feedback to let us know how we're doing**.

Please follow the link below to fill out the survey. It will only take a few minutes of your time, but it will provide us with valuable information for improving our service for you.

Thank you for helping us.

Vocabulary

- survey／アンケート調査
- strive to ～／～しようと努力する
- *someone's* number one choice／（人が）一番に選ぶもの
- solution／問題解決
- to that end／その目的のために
- fill out ～／～に記入する
- provide *A* with *B*／AにBを与える
- valuable／貴重な

130 社内における節電対策を伝える

定型表現

The following policies will go into effect.

件名： **エネルギー消費に関する新規則**

エネルギー消費に関する政府の新しいガイドラインに従い、Codac社従業員には次のことを守るよう協力することを求めます。6月1日より、以下の方針が実施されます。

―冷房は、27℃より低く設定しない。
―お手洗いにあるハンドドライヤーの電源を切る。
―本社の電気は、夕方あるいは悪天候の時にのみ点ける。

エネルギー目標達成のためのご協力に感謝いたします。

> **ここ が ポイント** 節電をすることを知らせ、いつから、どのような対策を具体的に施行するかを述べます。多項目になる場合は、下記メールのように箇条書きにしましょう。節電に関する他の表現には、reduce energy demand「エネルギー需要を減少させる」、energy reduction「節電」、energy-saving measures「節電対策」などがあります。

Subject: New Rules on Energy Consumption

In order to comply with the government's new guidelines on energy consumption, Codac employees will be asked for their cooperation in following them. Starting June 1, **the following policies will go into effect**.

— Air-conditioning will not be set **below 27 degrees Celsius**.
— Hand dryers in the bathrooms will be turned off.
— Main office lights will only be turned on in the evening or during inclement weather.

We are grateful for you cooperation in helping us meet our energy goals.

Vocabulary

- consumption／消費
- comply with ～／～に従う、～を遵守する
- guideline／ガイドライン、指針
- ask for ～／～を要求する
- cooperation／協力
- policy／方針
- go into effect／実施される
- air-conditioning／エアコン、空調
- Celsius／摂氏（Fahrenheit「華氏」）
- turn off ～／～を切る
- turn on ～／～を点ける
- inclement／（天候が）ひどい、荒れ模様の

131 退任・退職のお知らせ

定型表現

I will be leaving ～

件名： 前進します

フナコシ様

私は5月31日にForrest産業を退職いたします。ご一緒にお仕事ができて光栄であったことをお伝えしたいと思いました。将来、再び出会えることを願っております。今後のご活躍とご多幸をお祈り申し上げます。

この一年間、いろいろとありがとうございました。

敬具

ベス・ハンドマン

Check! Our paths will cross again in the future.「将来、私たちの道が再び交わる」⇒「将来、また出会う」を意味します。さらに、関連表現としてThank you for your support and guidance over the past year.「この一年間、ご支援とご指導をいただきありがとうございました」も覚えておきましょう。

> **ここがポイント** まず、退職することを知らせましょう。この時、退職する理由は特に書く必要はありません。今までのお礼を述べて、相手の今後の幸運を祈る一文を添えます。I will be leaving Forrest Industriesのように、leave「退職する」という動詞を使うのが一般的です。retire「定年退職する」や口語表現のquit「辞職する」の使い方には注意が必要です。

Subject: **Moving On**

Dear Ms. Funakoshi,

I will be leaving Forrest Industries **on May 31**. I wanted to let you know that it has been a pleasure working with you, and I hope that our paths will cross again in the future. **I wish you all the best of luck on your future endeavors.**

Thank you for everything **over the past year**.

Sincerely yours,

Beth Handman

Vocabulary

☐ endeavor／努力、尽力

132 昇進のお祝いメールを送る

定型表現

I am happy to hear about your promotion to ～

件名： **Re：ベルリン支社への転勤**

タカハシ様

地域担当部長**へ昇進されたと伺い、お喜び申し上げます。**自社の業務をしていただけなくなると聞き悲しんでおりますが、遂にヨーロッパにお戻りなられることを喜ばしく思っております。**あなたのような献身的な方とお仕事ができて幸いでした。**

新しい役職でのご成功をお祈り申し上げます。

敬具

マシュー・ハート

Check! 次の関連表現も覚えておきましょう。□ Our best wishes are with you as you begin the new assignment.「新たな任務でのご活躍をお祈り申し上げます」 □ Best wishes for your future success.「ご成功をお祈り申し上げます」 □ You deserve it.「あなたはそれを受けるに値します」

> **ここが ポイント** 昇進のお祝いを述べてから、自分の感想を伝え、最後に今後の活躍を祈る一文で結びます。「地域担当部長へのご昇進、おめでとうございます」の表現には、I am very delighted to hear that you have been promoted to regional manager. や I would like to congratulate you on your promotion to regional manager. などもあります。

Subject: **Re: Transfer to Berlin Office**

Dear Mr. Takahashi,

I am happy to hear about your promotion to regional manager. While it saddens me to hear you will no longer be managing our account, I'm glad you are finally able to return to Europe. **It has been a pleasure to work with someone as dedicated as you.**

I wish you all the best in your new position.

Sincerely,

Matthew Hart

Vocabulary

- promotion／昇進、昇格
- regional／（特定された）地域の
- sadden／～を悲しませる
- no longer／もはや～でない
- dedicated／献身的な、熱心な

133 昇進祝いメールへのお礼を述べる

定型表現

Thank you for the kind words.

件名： Re：ベルリン支社への転勤

ハート様

お心のこもったお言葉ありがとうございます。本当にたくさんの素晴らしいプロジェクトで一緒にお仕事をさせていただき、とても楽しかったです。多くのことを一緒に成し遂げましたね。

メールをいただきましたことに再度お礼申し上げます。

敬具

ユウサク・タカハシ

Check! 関連表現として、Thank you again for your kind words and good wishes.「温かいお言葉と祝福のお言葉に、再度お礼申し上げます」も覚えておきましょう。

> **ここがポイント** 昇進祝いメールへのお礼を述べてから、自分の感想を述べ、再度お礼を述べるという構成にしましょう。お礼を述べるには、I cannot thank you enough for your kind words.「温かいお言葉に、何とお礼を申し上げればよいのかわかりません」やIt was very nice of you to send a kind message.「ご親切なメールをお送りいただき、ありがとうございます」などの表現もよく使われます。

Subject: Re: Transfer to Berlin Office

Dear Mr. Hart,

Thank you for the kind words. It was truly a pleasure to be able to work with you on so many wonderful projects. **We accomplished a lot together.**

Thank you again for the mail.

Best regards,

Yuusaku Takahashi

Vocabulary

☐ accomplish／(努力によって)〜を成し遂げる

134 求人募集へ応募する

定型表現

I am applying for ～

件名： **上級音響技師職**

雇用担当部長殿

貴社の新職員募集ウェブサイトに掲載されている上級音響技師職**に応募い****たします。****履歴書にありますように、**私は音楽録音と音声録音の両方の技師として、音響スタジオで働いてきた広範な経験があります。現在勤めている所では、日極スタジオの運営を管理しており、その機材の設置にも尽力いたしました。**私の技術と経験を、**貴社の上級技師として**活かしたいと思っております。**

ご質問がございましたら、どうぞ遠慮なくご連絡ください。よろしくお願い致します。**お早めにお返事をいただけることを願っております。**

敬具

ミカ・ニシ

Check! 次の関連表現も覚えておきましょう。 □ I am well qualified for the position.「その職につく充分な資格があります」 □ I would like to make full use of my qualifications and experience.「自分の資格と経験を活かせればと思っております」 □ I have three years experience as an engineer.「技師として3年の経験があります」

> **ここ が ポイント** 応募することをまず述べますが、その求人募集を何で知ったのかも記しましょう。そして、自分の資格や経験を具体的に挙げながら、どれだけ自分がそのポジションにふさわしいかということをアピールします。アピールは、I would like to put my skills and experience to use ～「自分の技術と経験を活かしたい」という意欲に満ちた一文で結びます。

Subject: **Senior Sound Engineer Position**

Dear Hiring Manager,

I am applying for the Senior Sound Engineer position advertised on your recruitment website. **As my résumé shows**, I have extensive experience working in sound studios as an engineer for both music and voice recording. At my current employer I run the studio on a day-to-day basis, where I was instrumental in setting up its equipment. **I would like to put my skills and experience to use** as a senior engineer with you.

Please do not hesitate to contact me if you should have any questions. I thank you in advance for your time, and **I look forward to hearing from you soon.**

Sincerely,

Mika Nishi (Ms.)

Vocabulary

- apply for ～／～に応募する
- advertise／～の広告［宣伝］をする
- recruitment／新職員募集
- résumé／履歴書
- extensive／広範な
- not only A but (also) B／AだけでなくBも
- on a day-to-day basis／日々、日常的に
- instrumental／役に立つ
- set up ～／～を設置する
- put ～ to use／～を利用する、活用する

135 求人応募受付を通知する

定型表現

This reply is to let you know that 〜

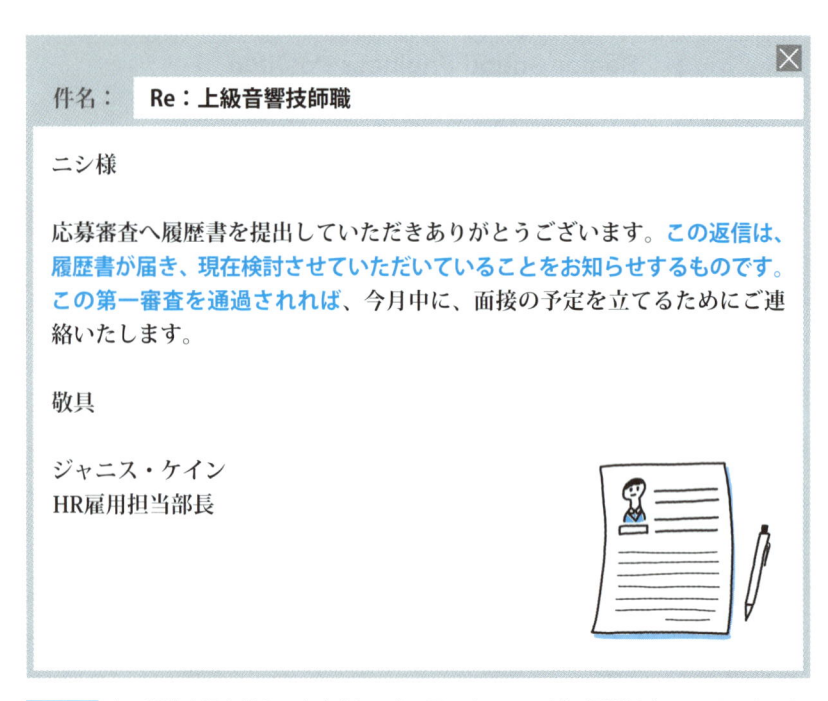

件名： **Re：上級音響技師職**

ニシ様

応募審査へ履歴書を提出していただきありがとうございます。この返信は、履歴書が届き、現在検討させていただいていることをお知らせするものです。この第一審査を通過されれば、今月中に、面接の予定を立てるためにご連絡いたします。

敬具

ジャニス・ケイン
HR雇用担当部長

Check! 次の関連表現も覚えておきましょう。 □ within a week「一週間以内に」 □ within the next two weeks「2週間以内に」 □ in the course of this month; by the end of this month「今月中に」

> **ここが ポイント** 応募へのお礼を述べて、確かに受け取ったことの一文を書きましょう。次に、その後の予定なども具体的に伝えておきます。「面接試験を行うことになれば、ご連絡します」には、Should we wish to proceed with an interview, we will contact you 〜 / If you are selected for an interview, we will contact you 〜 / If we decide to interview you, we will contact you 〜などの表現も使われます。

Subject: Re: Senior Sound Engineer Position

Dear Ms. Nishi,

Thank you for submitting your résumé for consideration. **This reply is to let you know that your résumé was received and is being reviewed. If you are successful in this first round**, we will contact you to set up an interview before the month is out.

Sincerely,

Janice Kane
HR Hiring Manager

Vocabulary

- submit／〜を提出する
- consideration／検討、考慮
- reply／返信、返答
- review／〜を検討する
- interview／面接
- before the month is out／今月中に(= before the month is over)

136 面接試験に関する通知をする

定型表現

We are pleased to inform you that you have passed ~

件名： **Re：上級音響技師職**

ニシ様

第一次選考を合格されたことをお知らせいたします。よって、面接を行いたいと思っております。4月8日から19日の間の週日午前中で、ご都合のよい日をお知らせください。面接では、今までのお仕事のサンプルを見せていただく機会がございますので、発表されたいものと一緒にCD-ROMをお持ちください。

近いうちにお目にかかるのを楽しみにしております。

敬具

ジャニス・ケイン
HR雇用担当部長

Check! 次の関連表現も覚えておきましょう。☐ Please let us know when is convenient for you.「いつご都合がよいかお教え下さい」 ☐ Please let us know what day would work for you.「ご都合がよい曜日をお知らせください」 ☐ Please let us know what time would suit you.「ご都合の良い時間をお教えください」 ☐ Please let us know a date that you would be available.「ご都合のよい日をお教えください」

> **ここが ポイント** 書類審査を通過し、面接試験を行うことを述べます。We are pleased to inform you that you have been selected for an interview.と簡潔に述べることもできます。面接の日時に関する都合を尋ね、面接に持参すべきものがあればそれも明記しましょう。

Subject: Re: Senior Sound Engineer Position

Dear Ms. Nishi,

We are pleased to inform you that you have passed the first round of screening, and we would like to offer you an interview. **Please let us know your availability** for any of the weekday mornings between April 8th and 19th. During the interview you will have a chance to share **samples of your past work**, so please bring a CD-ROM with any selections you would like to see us.

Thank you and we look forward to seeing you soon.

Sincerely,

Janice Kane
HR Hiring Manager

Vocabulary

- screening process／選考過程
- availability／可能性、有効性
- selection／選ぶもの、選択

137 人事照会をする

定型表現

tell us what kind of worker ～ was

件名： ミカ・ニシの照会

タカノ様

ミカ・ニシ様のPrimavision株式会社への就職応募書に、推薦者としてあなたのお名前が挙げられておりました。そちらで勤務されていた頃、ニシさんはどのような社員であったか、お手数ですがお教え願えませんでしょうか。勤勉で信頼できる従業員として、彼女をご推薦なさいますでしょうか。

ご協力をありがとうございます。お早めのお返事をお待ちいたしております。

敬具

ジャニス・ケイン
HR雇用担当部長

Check! 「あなたのお名前が、ミカ・ニシさんの推薦者として挙げられております」に対応する英文には、次のような動詞を使うことができます。　●Your name has been given as a reference by Ms. Mika Nishi.　●Your name has been listed as a reference by Ms. Mika Nishi.

> **ここがポイント** 誰が、どのような職業の応募で、推薦者として名前を挙げているかをまず相手に伝えましょう。そして、その人物照会を求めますが、相手側から明確な回答が得られるよう、具体的に知りたいことを質問として挙げます。質問の前には、We would like to ask you a few questions regarding her. / Would you mind answering the following questions about her?などの表現も使うことができます。

Subject: Reference for Mika Nishi

Dear Mr. Takano,

Your name was provided as a reference by Ms. Mika Nishi in an application for a position with Primavision, Inc. **Would you mind taking the time to tell us what kind of worker Ms. Nishi was during her time of employment with you? Would you recommend her as** a diligent and trustworthy employee?

Thank you for your kind cooperation. I look forward to hearing from you soon.

Sincerely,

Janice Kane
HR Hiring Manager

Vocabulary

- reference／信用照会、照会先
- application／申込書、願書
- recommend／〜を推薦する
- diligent／勤勉な
- trustworthy／信頼できる

138 人を推薦する

定型表現

It gives me great pleasure to recommend ～

件名： Re：ミカ・ニシの照会

ケイン様

ニシさんに関してご連絡いただき、ありがとうございました。職業上の意見として、ニシさんは勤勉でよく働く人です。こちらに勤務していた時、彼女は我が社の多くの重要なプロジェクトを企画することに尽力してくれておりました。彼女の組織力とコミュニケーション力は最高水準です。ニシさんを喜んで推薦いたします。

彼女自身や彼女の雇用履歴に関してご質問があれば、どうぞ遠慮なくご連絡ください。

敬具

ケンジ・タカノ

Check! 次の関連表現も覚えておきましょう。□ I am pleased to recommend Ms. Nishi to you.「喜んでニシさんを推薦いたします」

ここ が ポイント 照会の手紙は重要ですので、下記メールのように、人物としての好評価に加え、経験、技能(資格)において優れていることをアピールすることがポイントです。また、その人物に関しての質問には、いつでも快く答えるという一文で結びましょう。Please advise if you require any further information.「さらなる情報を必要とされる場合は、お知らせください」や I will be more than happy to help.「喜んでお役に立ちます」などもよく使われます。

Subject: Re: Reference for Mika Nishi

Dear Ms. Kane,

Thank you for contacting me about Ms. Nishi. **In my professional opinion**, Ms. Nishi is a diligent and hardworking individual. During her time here she **was instrumental in organizing a number of key projects for us**. Her organization and communication skills **are of the highest order**. **It gives me great pleasure to recommend Ms. Nishi to you.**

If you have any questions regarding her or her employment history, please do not hesitate to contact me.

Sincerely,

Kenji Takano

Vocabulary

- diligent／勤勉な
- hardworking／働き者の、熱心な
- individual／個人
- instrumental／役に立つ
- of the highest order／最高水準の、極上の
- regarding／〜に関する

139 採用決定を通知する

定型表現

You have passed the final stage of our screening process.

件名： **Re：上級音響技師職**

ニシ様

我が社の選考課程の最終審査に合格されたことをご報告いたします。5月1日から始めるのを目的として、上級音響技師として採用させていただきたいと思います。HRの担当者が、その職の詳細に関して間もなくご連絡する予定です。

敬具

ジャニス・ケイン
HR雇用担当部長

Check! 次の関連表現も覚えておきましょう。 □ give an informal job offer「内定をする」 □ give an official job offer「正式採用する」 □ receive notice of an unofficial decision「内定通知をもらう」

> **ここがポイント** 採用の決定を通知し、今後の予定を述べましょう。他の定番表現で、This is to inform you that we have decided to welcome you to our company as Senior Sound Engineer.「上級音響技師として我が社に採用が決定しましたことをお知らせいたします」やWe are delighted to inform you that we have approved your application.「採用することになりましたことをお知らせいたします」とすることもできます。

Subject: **Re: Senior Sound Engineer Position**

Dear Ms. Nishi,

We are pleased to inform you that **you have passed the final stage of our screening process. We would like to offer you the position as** Senior Sound Engineer with an eye to starting on May 1. An HR representative will be in contact with you soon **regarding specifics about the position**.

Sincerely,

Janice Kane
HR Hiring Manager

Vocabulary

- with an eye to 〜／〜を目的として（ここでのtoは前置詞であるので、後には名詞か動名詞が続く）
- in contact with 〜／〜と連絡を取って、接触して
- specific／詳細（この意味では、通例複数形にする）

140 不採用の通知をする

定型表現

We will not be asking you to participate in the next stage.

件名： **Re：上級音響技師職**

ニシ様

Primavision株式会社の求人に応募いただき、ありがとうございました。多数の志願者から応募をいただきました。残念ながら、次の審査へのご参加をお願いすることはできません。今後のご健闘をお祈り申し上げます。

敬具

ジャニス・ケイン
HR雇用担当部長

Check! 次の関連表現も覚えておきましょう。□ We are unable to offer you a job.「あなたの採用を見送らせていただきます」 □ We regret to inform you that the position has already been filled.「残念ながら、その職の採用はすでに決まっております」

> **ここがポイント** 応募への感謝の言葉から始めます。不採用を伝える文は、下記メールのようなUnfortunately「残念ながら」という語から始めるか、Although your experience and qualifications are impressive, ~「あなたの経験と資格はすばらしいのですが、~」というような表現を使用し、不採用の客観的な理由を述べましょう。最後は、相手への励ましの言葉で結びます。

Subject: Re: Senior Sound Engineer Position

Dear Ms. Nishi,

Thank you for applying for a position with Primavision, Inc. **We received applications from a number of candidates.** Unfortunately, **we will not be asking you to participate in the next stage**. We wish you the best of luck in your future endeavors.

Sincerely,

Janice Kane
HR Hiring Manager

Vocabulary

- a number of ~／多数の~
- candidate／志願者、応募者
- participate in ~／~に参加する

第3章
SNSで使える便利表現

TwitterやFacebookなどSNSで使われる英語をまとめました。
SNSを通して誰でも英語で発信することができる時代です。
SNS上で英語を使って情報発信していく際のルールやマナー、
そして、略語や短縮形などSNS特有の表現も紹介していきます。

① SNSを使う英語学習のメリット

かつては「ペンパルを探して文通をする」、「外国人留学生を見つけて話しかける」などが、日本にいながら外国人のお友達を作り、生きた英語でコミュニケーションを取る手段でした。

しかし現在は、そんな苦労をしなくても、SNSを使っての英語でのやりとりで、海外にいるかのような疑似体験をすることが可能になりました。SNSとはsocial networking serviceの略で、つまり、人同士のつながりを電子化するサービスのことです。Facebook、Twitter、Google+、LinkedIn、Myspaceなどがその代表例です。

SNSを利用すると、**英語でやりとりできる相手が瞬時に大勢現われます**。共通の話題や趣味で相手を選び、それに関する意見交換が瞬時にできてしまいます。そして、そのコメントの中に、**今まで見たことのないような表現が溢れている**ことをリアルタイムで目にするでしょう。これは、さながら、海外で人々の会話に使われている俗語に強い刺激を受けるかのような体験です。また、SNSで目にする英語は、一般の人々が話している言葉が文字として形になったものなので、**日常会話の「生きた英語」を目にしている**ことになります。英語学習者にとって、これほどありがたいことはありません。また、「生きた英語」を学ぶときに困ることと言えば、知らない表現を使われた時、相手が何と言ったのか全く見当もつかない場合があるということです。SNSの場合は、それが文字となって明確になりますので、知らない表現は調べることもできますし、そのような表現を正確に次々とインプットしていくことができます。

これらの特徴を活かさない手はありません。思い切って英語で発信をして、英語学習に大いに活用してみましょう。

② SNSの心得

英語で発信するのは少し緊張するかもしれませんが、目の前にいる初対面の人に話しかけるのではないので、恥ずかしがることはありません。間違いを恐れずに積極的に発信していきましょう。とにかく、まずは、自分から英語を使って「話しかける」ことをしなければ何も始まらないというように、自分が「英語圏」にいるとイメージして始めるといいかもしれません。

ただ、「話かける」と言っても、どのような表現を使えばよいのか分からないという人も多いと思います。そのような人は、最初は、より多くの投稿の英文に目を通し、そこで使われている表現を**真似ていくこと**から始めるのはどうでしょうか。幼児が大人の表現を真似て言語習得をするように、目にする表現を吸収して、使っていくうちに自分の表現としていけばよいわけです。もし、自分の意見に対してコメントを送ってもらえば、次に、それに答えるコメントを書こうと更に表現を学びたくなります。一旦、このサイクルに乗れば、楽しみながら表現を次々と吸収していくことができるでしょう。

また、自分の表現が正しいのかを判断する手段としてGoogleなどを利用することもできます。自分が確認したい表現を打ち込んで検索すると、その表現を含む文が結果として出てきます。その表現を含む英文が多数表示されれば、正しい可能性が高いと判断できるという訳です。

代表的なSNSの紹介

Facebook

文字数	文字数制限なし。
特徴	・画像や動画が投稿しやすい。 ・フォローしたい相手に、まず「友達リクエスト」を送って承認してもらう必要がある。
良い点	・文字数制限がないので、文章としての英語を書きこむことができる。 ・プロフィールや投稿の公開対象を設定できる。 ・「友達リクエスト」で承認していない人からのコメントは来ない。 ・「グループ」という機能でグループ分けができる。
困る点	・「友達リクエスト」で承認されないとフォローできない。 ・投稿したテキストは後で編集し直すことはできない。既に投稿したテキストを削除してから、再度投稿する必要がある。
注意点	・基本的に実名で登録をするので、個人情報の内容や公開範囲の設定、投稿の内容には注意が必要である。

Twitter

文字数	・140文字という字数制限がある。
特徴	・一般的に意見を公開するのが目的なので、非公開に設定しない限り、誰でもツイートを見たり、フォローすることができる。 ・字数制限があることから、多くの略語が使用されている。
良い点	・短い文や略語などで表現するため、時間がかからず、文章の構成などは気にしなくてもよいので利用しやすい。
困る点	・たくさんの略語が使用されるので、略語の意味を知らないと理解しづらい。
注意点	・基本的に誰もが投稿を見ることができる。

Google+

文字数	文字数制限なし。
特徴	・画像や動画が投稿しやすい。
良い点	・しっかりとした文章を書き込む、また、じっくりと読むということができる。 ・プロフィールなどの公開対象を設定できる。 ・「サークル」という機能でグループ分けができる。
困る点	・TwitterやFacebookなどと比べると、ユーザー数が少ない。

LinkedIn

特徴	プロフェショナル向け。 就職活動や仕事のために海外のプロフェショナルと情報交換をしたい人向けである。

Myspace

特徴	音楽・エンターテインメントの情報交換をしたい人向けである。

続々と生まれるSNS英語

SNS用語

block	特定のユーザーに対して、自分に関するアクセスができないようにすること。
blog	ブログのこと。また、「ブログを書く」という動詞としても使用する。
circle	(Google+)他のユーザーをサークルにいれること。動詞として使用できる。
defriend	友人リストから削除する。動詞として使用する。
DM	(Twitter)Direct Message のこと。DMという語で、動詞としても使用できる。
facebook	(Facebook)フェイスブックを使う、フェイスブックに掲載するという意味で、動詞としても使用する。
Facebooker	(Facebook)フェイスブックを利用するユーザーのこと。
follow	フォローするという動詞。
follower	フォローしてくれるユーザーのこと。
G+	Google+のこと。
google	(Google+)「検索する」という意味の動詞でも使用する。
Gpluser	Google+のユーザーのこと。
Group	(Facebook)特定のユーザーにだけ情報交換ができるグループを作る機能。
hashtag	(Twitter)キーワード検索機能を利用するときに付ける、＃記号のこと。調べたいトピックの前に＃記号(hashtag)を付けて(例：＃english)検索すると、そのトピックについて書かれたツイートが一覧表示される。

Like	(Facebook,Twitter)投稿されたコメントなどを「いいね！」にすること。
Limited	(Google+)特定のユーザーだけに公開される投稿。
mistweet	(Twitter)誤って送ってしまったツイートのこと。
notification	(Facebook/Google+)他のユーザーが自分を友達やサークルに加えた場合に送られてくるお知らせ。
poke	(Facebook)他のユーザーに、あいさつをすること。
profile	ユーザーに関する基本情報。
protect	自分の許可がない限り、他のユーザーが自分の投稿を見ることができないようにすること。
Public	(Google+)誰でも見ることができる一般公開の投稿。
Reply	(Twitter)特定のユーザーのツイートに返信すること。
retweet (RT)	(Twitter)他のユーザーのツイートを転送したり、引用したりすること。
share	投稿などを共有すること。
Trends	(Twitter/Google+)リアルタイムで、もっとも話題となっているトピック。
tweet	(Twitter)「つぶやく」、「ツイートする」こと。
tweet back	(Twitter)「ツイート」し返すこと。
tweet up	(Twitter)「ツイート」する相手と、オンラインではなく直接会うこと。
tweeter	(Twitter)ツイッター利用者。
unfollow	ある特定のユーザーをフォローすることを止めてしまうこと。
unfriend	友人リストからある特定のユーザーを削除してしまうこと。

SNS略語

*ここでは全てを大文字で表記しておりますが、実際には小文字で使用するユーザーも多いです。どちらでも構いません。

U	you「あなた」
UR	you're「あなたは」/ your「あなたの」
2	to/too
2c	to see
2morrow	tomorrow「明日」
2nite	tonight「今夜」
4ever	forever「永遠に」
AFAIK	as far as I know「私が知る限りでは」
ASAP	as soon as possible「出来るだけすぐに」
B4	before「〜の前」
B4N	Bye for now.「じゃ、またね」
BBL	Be back later.「またね」
B/C	because「〜なので」
BRB	Be right back.「すぐに戻ります」
BTW	by the way「ところで」
CNT	can't「〜できない」
CUL8R	See you later.「では、またね」
CYA	See ya.「じゃっ」

F2F	face to face「面と向かっての」
FAQ	frequently asked questions「よくある質問」
FB	facebook「フェイスブック / フェイスブックする」
FWD	forward「前へ / 転送する」
FYI	for your information「ご参考までに」
G2G	Got to go.「行かなくちゃ」
IC	I see.「なるほど」
IDC	I don't care.「かまわない」
IDK	I don't know.「分からない / 知らない」
IDW	I don't want.「いらない」
IMHO	in my humble opinion「私のつたない意見としては」
IMO	in my opinion「私の考えでは」
IOW	in other words「言い換えると」
JFYI	just for your information「ほんのご参考に」
JIC	just in case「念のため」
KWIM	Know what I mean?「私が言いたいことがわかるよね?」
LMK	Let me know.「知らせて」
LOL	laughing out loud「大爆笑」
NP	No problem.「いいですよ / 問題なし」
Thanq	Thank you.「ありがとう」
Thanx/ THNX	Thanks.「ありがと」

SNSでよく使う口語形・短縮形

cas/coz/cuz	because「〜なので」
cept	except「〜を除いて」
Congrats	Congratulations「おめでとう」
cud	could（助動詞）
d	the（定冠詞）
dat	that「あれ / それ / その」
den	then「そのとき / それから / それでは」
dis	this「これ / この」
dunno	don't know「知らない」
gonna	going to「〜するつもりである」
gotta	got to「〜しないといけない」
hafta	have to「〜しなければいけない」
Imma/I'mma	I'm gonna（＝I'm going to）「〜するつもりである」
〜in'/〜in	〜ingの短縮形
init	〜, isn't it?（付加疑問文）「〜ではないの？ / 〜じゃないかな？」
Lemme	Let me 〜「私に〜させて」

lil	little「少し」
shud	should（助動詞）
sum	some「いくつか / いくらか」
tho	though「〜だけれども」
tht	that「それ / あの / その」
'til	till/until「〜まで」
tonite	tonight「今夜」
wanna	want a 〜「〜が欲しい」/ want to「〜したい」
Wassup/ Watsup/ Wazzup	What's up?「どうしてる？ / 元気？」
Whaddya	What do you 〜？「何を〜してるの？」
Whatcha	What are you 〜？「何を〜なの？」
y'all	you all「みんな」
y'know	You know「ほらあの〜 / 〜でしょ / つまり〜」

俗語や放送禁止用語には要注意！

ネイティブの英語表現がいつも模範的であるわけではありません。特に、俗語などになると、個人の価値観が大いに影響されます。日本語でも、汚い言葉や下品な表現を相手や場所を構わず使う人がいるのと同じです。母国語の場合は、そのような言葉や表現を使用するかの判断が自分でできますが、英語になると知らずに使ってしまう危険性があります。俗語は、その意味を充分に理解できているといったレベルに達してから、相手や状況に応じて使うようにしましょう。基準として、以下のワード（放送禁止用語）が入っている表現は、かなり汚い表現であると判断してください。

- 一般にF-wordと呼ばれるもので、fuckやfuckingの入った表現です。近年では映画のセリフなどでもよく聞かれますが、非常に下品です。名詞の前の形容詞として連発して使用するネイティブもいますが、ネイティブでない読者の皆さんは、fuckの意味が「性交」であることを忘れないでください。fuckin' goodと言えば、日本語では「すげぇいい」くらいに訳されるでしょうが、英語本来のイメージは相当低俗なものです。
- 相手を罵る表現にはass、asshole、bastard、son of a bitch、dickhead などもあります。これらも映画のセリフなどによく登場し、「この野郎！」などと訳されます。しかし、いずれも日本語に訳すのが困るほど下品な表現です。
- shit、damn、hell などは「くそ、ちくしょう！」などの罵り表現です。bitch、hoe (whore)、slutのような女性への差別表現も良識をわきまえたネイティブは使いません。

上記のような汚い言葉をSNS略語として平気で使う人も一部確かにいますが、みなさんはそのような真似をしないでください。そのような言葉の使用は、まるで自分は良識が無く下品だと宣伝しているようなもので、誤解をされてしまいます。

プロフィール・基本情報の書き方

プロフィールは、まず、他のユーザーとどのような情報交換をしたいかがポイントになります。例えば、ビジネスに活用したいと思うならば、自分の職種や自分が手掛けているビジネス内容などの正式なプロフィールが必要になります。また、ビジネスではなく、同業者とプライベート的な情報交換をしたい、共通の趣味を持つ人と友達になりたいと思う人は、その関心事や興味が明確なプロフィールを書くようにしましょう。

次に、書き方も重要です。ネガティブな表現のプロフィールは一般的に印象が良くないですが、あまりにも元気すぎるプロフィールも敬遠する人がいるかもしれません。また、その一方で、元気いっぱいのプロフィールに惹かれる人もいるでしょう。つまり、プロフィールの書き方も、他のユーザーの中で共通点を持っているかの判断材料となります。どのような人に情報交換をしてきて欲しいかを念頭にプロフィールを作成するとよいでしょう。

POINT❶

伝えたいことを簡潔に書きましょう。特に、Twitterのプロフィールの場合は、字数制限が160字未満ですので、以下のような文体がよく使われます。

例 1

Working mother of 2 daughters, love to read. My interests: different cultures, languages and ethnic music. I have two cute cats.
「女の子2人がいる働く母親。読書が大好き。興味があること：異文化、言語、民族音楽。かわいい猫2匹を飼っています」
➡ 落ち着いた印象のプロフィール。

例 2

Single guy, work @B&G. I'm into baseball, English, travel, movies & jogging. Looking forward to talking with you in English.
「B&Gで働く独身男性。野球、英語、旅行、映画、ジョギングに夢中です。英語で話すのを楽しみにしています」
➡ 真面目すぎるというほどでもない…といった印象。

例 3

College student, law major. My faves: movies, football, travel, reggae & English. I want to study in England some day. Talk to me in English!
「大学生。法律専攻。お気に入り：映画、サッカー、旅行、レゲエ、それに英語。いつかイギリスで勉強したい。英語で話しかけてきて！」
➡ イギリス人にフォローして欲しいなら、やはりサッカーにはfootballでしょう。

例 4

20, student aspiring to be an artist. I wanna travel all over the world! Love shopping, fashion, movies & celebs. Follow me!
「ハタチ、学生、アーティスト志望。世界中旅したい！ショッピング、ファッション、映画、セレブ大好き。フォローして！」
➡ 略語、短縮形、口語形などを多用すると、よりカジュアルになります。

POINT❷
定番表現を使用してみましょう。

① 「〜です」

・独身男性 / 独身女性	Single man/woman
・既婚者	Married man/woman
・2人の子供の父(母)	Father (Mother) of 2 kids (daughters/sons)
・家族は、夫と2人の娘です。	I live with my husband and two daughters.
・会社員	Office worker
・自営業	Self-employed
・〜専攻の学生です。	Student, 〜 major.

② 「〜が好きです」

- 旅行が好きです。　　　　I like traveling.
- サッカーが好きです。　　I like football.
- 食べるのが大好き。　　　Love to eat.
- ジョージ・クルーニーの大ファン
　　　　　　　　　　　(I'm) a big fan of George Clooney.
- 古い映画にはまっています。 (I'm) into old movies.
- イギリス映画がどうしようもないほど大好き。
　　　　　　　　　　　(I'm) addicted to British films.
- 愛犬家 / 愛猫家　　　　　Dog/Cat lover
- 音楽愛好家　　　　　　　Music lover
- 大の映画好き　　　　　　A great lover of movies

コメントを書き込む

写真にコメントする

Awesome!	すごい！
Outstanding shot!	とてもいいショット！
Another great shot!	またすばらしいショット！
Very lovely!(*女性が多用する表現)	とてもすばらしい！
Fabulous view!	すばらしい眺め！
Amazing!	すごい！
So cute!	すごくかわいい！
How funny!	なんておもしろいの！
How dazzling and fantastic!	目がくらむほど素晴らしい！
What a spectacle!	本当に壮観ですね！
Wow, breathtaking!	わあ、すごい！
This is just stunning.	これは、ほんとにすばらしい。
Thank you for the stunning images.	すばらしい画像をありがとうございます。
The color is stunning.	色がすばらしいです。
Beautiful color tones!	美しい色調！
I hope I can see that in person.	私も自分で見てみたい。

*感嘆符(!)は必ずしも使う必要はありません。代わりに、終止符(.)でも構いません。

☆続けて、I've never seen such a wonderful view.「こんなすばらしい眺めは見たことがありません」、Never seen such a cute cat!「こんなにかわいい猫ちゃん見たことない！」、Never seen that before!「こんなの見たことない！」などの表現がよく使われます。

また、笑顔がこぼれそうな写真には、Thank you for making me smile.「笑顔にしてくれてありがとう」と言うのもいいですね。

記事にコメントする

Amazing!	すごい！
Absolutely!	全くそのとおり！
Incredible!	

信じられない！（←称賛と否定的な意味両方に使用されます）

Splendid!	すばらしいね！
Awesome post!	すばらしい投稿！
Another great post!	

さらにもう一つのすばらしい投稿！

Great tips!	すばらしい情報！
Great article!	すばらしい記事！
Good stuff!	

いいものだね！（←口語では、stuff「もの、こと」をthing/matterよりもよく使います。単数扱いになることに注意）

Great post as usual!	

いつも通り、すばらしい投稿！

It's true!	そのとおりだね！
How interesting!	

なんておもしろいの！

How sweet!	なんて優しいの！
I can't believe it!	信じられない！
Lucky you!	うらやましい！
No wonder!	無理もない！
Poor thing!	かわいそうに！
Second that!	そのとおり！
That's right!	そのとおり！
Don't be stupid!	ばか言わないで！
That sounds fun.	楽しそうね。
That sounds nice.	良さそうだね。
That's a shame.	

それは残念。／それは気の毒に。

That's stupid.	ばかばかしい。
That's the worst.	それって最低だね。
That's what I did.	

それ、私のやったことです。

This is a really useful post.

これは本当に役立つ投稿です。

Thanks for sharing the information.

情報を共有してくれて、ありがとう。

That's an interesting perspective.

それはおもしろい視点ですね。

*感嘆符(!)は必ずしも使う必要はありません。代わりに、終止符(.)でも構いません。

写真・記事共通の間投詞

aha!	ははあ！/ ほほう！
ha ha!	アハハ！
huh?	えっ？
Gross!	気持ち悪い！/ ぞっとする！
Oops!	おっと！
phew	ふーっ / ほっ
uh-oh	あーあ / あらら〜
umm	う〜ん
Yuck!	オエッ！/ ゲェー！
Yipe(s)!	ゲッ！/ ギャー！
Yippee!	きゃあ！/ わあ！(←歓喜を表現する)
Whee!	わぁ〜い！

*感嘆符(!)は必ずしも使う必要はありません。代わりに、終止符(.)でも構いません。

友達リクエストを送る

Facebookでは、まず、フォローしたい相手に「友達リクエスト」を送らなければなりません。この「友達リクエスト」で友達と承認されて初めて、フォローすることができます。いきなり「友達承認してください」というのではなく、「共通の話題や趣味がありますよ」などという相手が友達承認したくなるような内容のメッセージを送るとよいでしょう。

Your cats are so cute! I also have two cats. I would love to talk about them!
「かわいい猫ちゃんたちですね！私も猫ちゃんを2匹飼ってます。猫ちゃんのことお話ししたいです！」

I'm a friend of your friend Shaun. Please add me as a friend!
「私、あなたのお友達のショーンの友達です。友達として認証してちょうだい！」

I love the UK! I would like to chat with you in BE.
「UK大好き！BE（イギリス英語）でおしゃべりしたいです。」

I'm also majoring in architecture. Would you like to be friends with me?
「私も建築学専攻です。お友達になっていただけますか。」

Wow, your photos are just amazing! Would love to talk to you!
「うわぁ、あなたの写真はほんと素晴らしい！お話ししたいです！」

I want to improve my English. May I talk to you in English?
「英語がうまくなりたいです。英語で話しかけてもいいですか。」

コメントに応える

「感謝する」という表現は、Eメールと同様、表現により丁寧さが変わってきます。

Thanks always.	いつもありがとう。
Thanks, pal!	ありがと！(pal「友達、仲間」)
Thanks for the follow.	フォローありがとう。
Thanks for the RT.	RT（リツィート）ありがとう。
Thanks for the reminder.	思い出させてくれてありがとう。
Thanks for the warning.	ご警告ありがとう。
Thanks for the RTs and mentions.	RTと言及をしてくれてありがとう。
Thanks for the helpful tips.	役に立つ情報をありがとう。
Thanks a lot for the correction.	訂正してくれてありがとう。
Thank you for your explanation.	説明してくれてありがとう。
Thank you for liking my photo.	私の写真を「いいね！」にしてくれてありがとう。
Thank you for sharing my photo.	私の写真を共有してくれてありがとう。
Thank you for the kind words.	温かいお言葉ありがとうございます。
Thank you for tweeting with me.	ツィートしてくれて、ありがとう。
Thank you for the tips.	情報をありがとう。
Thank you for your compliment.	褒めていただいてありがとう。
Thank you for your tweet.	ツィート、ありがとう。
Thank you for the information.	情報をありがとう。
I appreciate your comments.	コメントに感謝いたします。
Many thanks for the tips.	情報を本当にありがとう。

☆mean a lot to ～「～ にとって重要です」やI'm grateful for ～「～に感謝しています」などの表現もよく使われます。また、日本人がよく使う「おかげ」は、You made my day!「おかげで良い一日を過ごしました！」、I owe everything to you.「全てあなたのおかげです」、You saved my life.「おかげで助かりました」などと言います。

質問する

まだ親しくない間柄の人とは、政治や宗教などのデリケートな質問は控えるほうが賢明でしょう。

Can I ask a question?	質問していいですか。
May I ask a question?	質問してよろしいでしょうか。
	(Can I ask a question?よりも丁寧)
Another question.	もう1つ質問です。
One more question.	あともう1つ質問です。
Do you think so?	そう思いますか。
How about you?	あなたはどうですか。
How come you know that?	どうしてそれを知っていますか。
How many languages do you speak?	何カ国語を話しますか。
What is your native language?	母国語は何語ですか。
How do you say it in English?	それを英語でどう言いますか。
What do you call it in English?	それは英語で何と言いますか。
I'm not sure what you're referring to.	何のことをおっしゃっているのかよく分りません。
Is that what you're saying?	それがあなたの言いたいことですか。
Is that what you mean?	そういう意味ですか。
What's your point?	言いたいことは何ですか。
What do you do (for a living)?	仕事は何をされていますか。
What kind of work do you do?	どのようなお仕事をされてますか。
What do you think?	どう思いますか。
What does it mean?	それはどういう意味ですか。
What do you mean by that?	それはどういう意味ですか。
What does BB stand for?	BBはどういう意味ですか(何の略語ですか)。

反論する

相手を責めるような表現は避けましょう。

That might be true, but 〜.	そういうこともあるかもしれませんが、〜。
That's not what I mean.	そういう意味ではないです。
That's not what the article says.	それは、記事の内容とは違います。
The point is 〜.	言いたいことは〜です。
I'm afraid I don't agree with you.	同意はできないです。
I'm afraid that's not true.	それは違うのではないでしょうか。
I'm afraid you're missing the point.	肝心なことを見落としていると思います。
I'm just saying 〜.	〜だと、私は言っているだけです。
I'm not sure about that.	それはどうでしょうか。
I'm not sure I agree with you.	同意できないですね。
I understand that, but 〜.	それは分かっていますが、〜。

☆I'm afraid 〜「残念ながら〜 / 申し訳ないですが〜」、Unfortunately 〜「残念ながら 〜」、I'm not sure 〜「〜だという確信はありません」のような表現を使うと、語調が優しくなります。また、Eメールの場合と同様、You are wrong.「間違っています」のような相手を主語にした直接的な表現は、とても攻撃的に聞こえてしまいます。

📧 INDEX 📧

	ページ数	日本語	英語
意見・感想を言う	38	私も、偶然に会えてよかった！	It was good running into you, too!
	38	4年生が、こんなにもきついとは思わなかったわ。	I had no idea senior year would be so demanding.
	38	私も卒業後すぐに仕事が見つかることを願うわ！	I hope I can find a job soon after graduation!
	40	私も仕事でとても忙しくしていたもので。	Work has kept me pretty busy as well.
	40	ほんと奇遇だよね。	What a coincidence, eh?
	42	私も仕事と家族のことでとても忙しかったの。	I've been pretty busy too between work and family.
	42	光陰矢の如しだね！	Time flies!
	46	あなたの言う通り、楽しいでしょうね。	Like you said, it should be fun.
	52	ご両親もきっと喜んでおられることでしょう。	I know your parents must be happy as well.
	60	僕はできるだけ早く、君と君の生まれたばかりの赤ちゃんに是非とも会いに行きたいと思っています。	I definitely would like to stop by and see you and your new son as soon as I can.
	62	夕食をおごるよ。	I can buy you dinner.
	66	始まるのが待ち遠しいです。	I can't wait to start.
	70	とても嬉しかったです。	It meant a lot to me.
	70	また動けるようになるのが待ち遠しいです。	I can't wait to get moving again.
	70	〜、未だに信じられません。	I still can't believe 〜.
	86	〜を超す支払いはしたくないです。	I don't want to spend more than 〜.
	86	どのようなアドバイスでも歓迎します。	Any recommendations you have would be welcome.
	88	私は〜について少しは知っているかもしれない。	I might know a few things about 〜.

341

意見・感想を言う	88	あなたのニーズ、予算、そしてあなたに関して知っている他のこと全てを考えあわせると、	Thinking about your needs, your budget, and everything else I know about you,
	88	私からのアドバイスは〜。	My advice is 〜.
	90	僕に、君を救える案もあるかもね。	I might also have a plan that could save you.
	98	その問題が、それ以上に深刻なものでないことを願います。	I hope the problem is nothing more serious than that.
	106	私もそこで一緒にお祝いできればいいのですが。	I wish I could be there celebrating with you.
	132	2つのモデルに大きな違いは見受けられませんでした。	I could not find any major differences between the two models.
	194	同様に、私もLAの見本市でお話しができて楽しかったです。	Likewise I enjoyed our chat at the show in LA.
	194	来週の22日に、喜んでお目にかかります。	It will be my pleasure to meet you on the 22nd next week.
	236	道に迷うのではないかと少し緊張しています。	I'm a little nervous about getting lost.
	238	我々のオフィスを見つけるのは、とても簡単です。	It's real easy to find our office.
	306	職業上の意見として、	In my professional opinion,
依頼する	42	近いうちに返事がもらえると嬉しいわ！	Hope to hear from you soon!
	44	あなたも来たいかどうか教えて。	Let me know if you want to come.
	48	また次回行くときに知らせてください。	Let me know the next time you're going.
	50	出席していただけるか、お知らせください。	Let me know if you can make it.
	56	挙式の日取りを必ず知らせてください。	Please be sure to let me know when the ceremony is.
	86	〜について、アドバイスが欲しいなと思いました。	I wanted to ask you for some advice regarding 〜.
	86	アドバイスをもらえればありがたいです。	I would appreciate your advice.

90	忙しいのは知ってるけど、これを読んだら僕に電話して。	I know you're busy, but call me once you read this.
98	どのフォントを使用しているかを確かめて、そのメッセージを再送してもらえますか。	Could you check what font you're using and resend the message?
100	そのファイルを普通のテキストファイルかPDFにして、再送していただけませんか。	Would you mind resending the file as a plain text file or as a PDF?
102	昨日お送りいただいたEメールを、再送していただけますか。	Could you resend the e-mail you sent yesterday?
104	厚かましいお願いごとがあります。	I have a big favor to ask of you.
104	〜の様子を見に来てもらえないでしょうか。	I was wondering if you could look in on 〜.
104	もし助けてもらえたら、本当にありがたいです。	I'd really appreciate it if you could help me out.
114	カタログを一部ご送付していただきたいと思っております。	I would like to request a copy of your catalogue.
114	全製品と価格のリストをお送りいただければ、大変ありがたく存じます。	If you could send me a complete product and price list I would greatly appreciate it.
116	貴社のテレビ会議機器についてお尋ねしたいと思い、メールさせていただいております。	I am writing to you to inquire about your video conferencing equipment.
116	私が知りたいのは、費用についてです。	I would like to know the cost.
116	何かお勧めがございましたら、それもお伺いしたいです。	If you have any recommendations, I would also like to hear them.
124	〜の見積もりをしていただきたいです。	I would like to receive an estimate for 〜.
134	3月9日の注文に関してお願いがございます。	I have a request regarding my March 9 order.
134	〜していただくことはできますでしょうか。	Would you be able to 〜?
134	ご都合がつき次第、このことが可能かどうかをご連絡ください。	Please let me know if this is possible at your earliest convenience.

343

依頼する	140	以下の商品を注文させていただきたいと思います。	I would like to place an order for the following items.
	144	～を変更させていただきたいと思っています。	We would like to make a change to ～.
	144	このことが配達日に影響するかどうか	if this will affect the delivery date
	144	発送を別にしていただくことをお願いするかもしれません。	We may want to split the shipment.
	146	残念ながら、経営陣がそのプロジェクトの中止を決定しましたので、注文を取り消す必要が出てきました。	Unfortunately, management has decided to stop the project, so we will need to cancel the order.
	160	これは、～の催促状です。	This is a reminder for ～.
	160	～のお支払いをまだいただいておりません。	We have not yet received payment for ～.
	160	すぐに全額お支払いください。	Please pay the full amount immediately.
	160	この催促状はご放念ください。	Please disregard this reminder.
	162	これは、3通目の催促状です。	This is the third reminder.
	162	10パーセントの遅延料が総額に加算されます。	A late fee of ten percent will be added to your total.
	162	お支払いいただいていない総額を早急にお支払いください。	Please pay the outstanding amount immediately.
	162	お支払いいただきましたら、通知を添えて、私にメールしてください。	E-mail me with notification once you have paid.
	176	サポート時間の費用をお確かめいただき、修正された請求書をできるだけ早くお送りいただけますでしょうか。	Could you confirm the cost of the support hours and send us an updated invoice as soon as possible?
	180	商品は、弊社払いで送り返してください。	Please return the items at our expense.
	186	早急にお返事をいただければありがたく存じます。	Your immediate response would be appreciated.
	188	注文品を1つ大きいサイズに交換していただくことはできますでしょうか。	Would it be possible to exchange our order for the next size up?
	190	貴社にお伺いしてその話し合いを続けたいと思っております。	I would like to visit your office to continue our discussion.

190	22日の水曜日に、話し合うお時間はおありでしょうか。	Would you have time on Wednesday the 22nd to talk?
192	弊社が貴社に何をできるのか	what our company can do for you
192	お時間はおありでしょうか。	Would you be available some time?
192	私の方は、そちらのご都合がつき次第で結構です。	I am available at your earliest convenience.
194	午後2時に会うというのは可能でしょうか。	Would you be able to meet at 2:00 P.M.?
196	会合の予定を立てさせていただきたいと思っております。	I would like to set up a meeting.
196	来週、お時間はおありでしょうか。	Would you have time next week?
198	どちらの日がご都合がよいかをお知らせください。	Let me know which day works best for you.
204	会合の日をできれば27日に延期していただけますでしょうか。	Would it be possible to reschedule our meeting for a later date, perhaps the 27th?
204	この日でご都合がよいか	if this date works for you
210	〜、ご提案をお願い致します。	Please advise us 〜.
212	チームにこの状況を話す手助けをしていただけないでしょうか。	Could I get your help in talking to the team to explain the situation?
216	外付けハードディスクが見当たらず探しています。	I'm looking for a missing external hard disk.
216	あなたがたチームのどなたかが、それらしいものがある場所をご存知でしたら、私にご連絡ください。	If you or anyone on your team knows where it might be, please get in touch with me.
220	できるだけ早くに、それをお送りいただけますか。	Could you get that to us as soon as possible?
224	それらに目を通して、あなたの考えを教えて頂けませんでしょうか。	Would you mind looking over them and telling me what you think?
228	それを削除して、あなたの会社のIT部にすぐに報告してください。	Delete it and inform your IT department immediately.
230	もしもご都合がつくようでしたら、	If your schedule allows,

345

依頼する	232	会合に引き続き、お二人には是非ご出席して頂ければと願います。	I do hope that you will both be able to join us following our meeting.
	236	最後に一つだけ頼みたいことがあります。	I just have one last thing to ask of you.
	236	品川駅からあなたのオフィスへの明確な道順案内	precise directions to your office from Shinagawa Station
	244	必ず全部を検討して、会議で感想が言えるようにしておいてください。	Please be sure to review all of them and prepare feedback for the meeting.
	252	時間の都合がつくかどうか、そしてどちらのお店がよいかをできるだけ早くお知らせください。	Please let me know about your availability and restaurant preference A.S.A.P.
	254	リードのお別れパーティーに私も参加させてください。	Count me in for Reed's farewell party.
	288	少しお時間を割いていただき、弊社がどのようであるかご意見を述べていただければ、とても有難く存じます。	We would greatly appreciate it if you could spare a few moments to give some feedback to let us know how we're doing.
	288	以下のリンクをたどって、アンケート調査にご記入ください。	Please follow the link below to fill out the survey.
	302	ご都合のよい日をお知らせください。	Please let us know your availability.
	302	今までのお仕事のサンプル	samples of your past work
お祝い・称賛する	52	再度、おめでとうございます!	Congratulations once again!
	56	おめでとう!	Congratulations!
	56	素晴らしいニュースだね!	That's great news!
	60	クラーク、ポーリン、親になられたこと、おめでとうございます!	Congratulations to you and Pauline on becoming parents!
	62	お誕生日を楽しめるといいね。	I hope you enjoy your birthday.
	64	あなたはいろいろと教えてくれた人だから	since you were the one who showed me the ropes
	294	～へ昇進されたと伺い、お喜び申し上げます。	I am happy to hear about your promotion to ～.

お悔やみ／お見舞い・元気づける	68	あなたが早く元気になられるように心からお祈りします。	I just wanted to let you know that my thoughts and prayers are with you.
	68	遠慮なく私に知らせてください。	Please don't hesitate to let me know.
	68	ギプス包帯がどれだけ痒いか想像できます。	I can imagine how itchy that cast feels.
	72	おじいさんがお亡くなりになったと聞きました。	I heard about your grandfather passing away.
	72	もしも私にできることがありましたら何なりと、ご遠慮なくおっしゃってください。	If there's anything at all that I can do to help, please don't hesitate to ask.
	72	あなたやご家族のお気持ちをお察しいたします。	My sympathies are with you and your family.
	92	あなたが彼氏と別れたと聞いて、とても気の毒に思っています。	I'm so sorry to hear you broke up with your boyfriend.
	92	私がいますよ。	I'm here for you.
	92	別れた後は確かに一番つらい時です。	I know the time after a breakup is the hardest.
	92	事態は良くなっていきますよ。	Things will be better.
	94	面接に行った仕事がダメだったそうで残念です。	I'm sorry to hear you didn't get the job you interviewed for.
	94	今回の面接は、次の面接のための単なる練習だと考えてみてよ。	Try to think of this interview as just practice for the next one.
	94	君は本当に望んでいる会社にきっと入ることができるよ。	I'm sure you'll get in at a company you really like.
送る	66	最初の仕事が掲載されたら、リンク先を送ります。	I'll send you a link to the first show once it goes up.
	118	パンフレットを添付いたしました。	I've attached a brochure.
回答する・返事をする	46	金曜日、皆さんとご一緒させていただきますよ！	I'd love to join you all on Friday!
	52	私は、もちろん出席します。	You can count on me to be there.
	78	私の出席を当てにしてくれていいですよ。	You can count on me to be there.

347

回答する・返事をする	118	お望みに最大限お応えできるようなサービスを提供させていただきたいと思っております。	We would like to offer you the service that fits your needs best.
	122	パンフレットとカタログを受け取りました。	I received the brochures and catalogues.
	122	我々のニーズに最も合うサービスがどれであるかを検討してから	after we have reviewed which of your services best suits our needs
	124	ご質問がございましたら、お知らせください。	Please let me know if you have any questions.
	126	価格は以下の通りです。	The pricing is as follows:
	126	〜をお知りおきください。	Please note 〜.
	126	初めてのご注文を承りますよう、お待ち申し上げます。	I look forward to helping you with your first order.
	128	あいにく、お尋ねのモデルは製造中止となっております。	Unfortunately, the model you have requested has been discontinued.
	136	価格設定についてのお尋ねと存じます。	We understand your concerns about pricing.
	136	ご注文全体に10%のお値引き(税抜)	a discount of 10% on the entire order (tax exclusive)
	138	〜は、できる限り他社に負けない安い価格を付けております。	〜 are priced as competitively as possible.
	138	業務上必要なものに関しまして、ご用を承りますことをお待ち致しております。	We look forward to being able to serve you for all your business needs.
	140	請求書をお送りくださればば、明細に記されている支払いを承認いたします。	Please send us an invoice and we will approve payment as specified.
	142	添付の送り状で、送料を含む合計金額をご確認していただけます。	In the attached invoice you will find the total cost, including shipping.
	142	お支払いが確認でき次第、ご注文品を発送させていただきます。	We will ship your order as soon as payment is confirmed.
	142	ご質問がございましたら	should you have any questions
	196	こちらは午前または午後のいつでも大丈夫です。	Anytime morning or afternoon is fine with us.

	218	木曜日の昼食時までには、それを終われるはずです。	I should have it done by lunch on Thursday.
	222	帰ってきたら、必ず評価書を記入します。	I promise to fill out the review sheet when I get back.
	230	その日以外でしたら、予定の調整ができます。	Aside from that day, my schedule is flexible.
	234	感想は、遅くとも水曜日の終わりまでに準備します。	I'll get the feedback to you by Wednesday EOD at the latest.
	238	北出口を出てください。	Please go out the north exit.
	238	右に曲がり、交差点を渡ってください。	Please bear right and cross the intersection.
	238	50メートルほどまっすぐ歩くと、	Walk straight for 50 meters or so and 〜.
	256	リードが行ってしまう前に、ランチにお誘いできるか考えておきます。	I'll see if I can take Reed out to lunch before he leaves.
	306	〜は最高水準です。	〜 are of the highest order.
	306	ニシさんを喜んでご推薦いたします。	It gives me great pleasure to recommend Ms. Nishi to you.
確認する・質問する	52	挙式は屋外でするのですか。	Are you going to be holding the ceremony outdoors?
	62	〜気分はどう?	What's it feel like 〜?
	62	おそらく〜とそんなに変わらない?	Probably not much different from 〜?
	120	お返事をまだいただいておりませんので、私が送信いたしましたEメールを受け取られたかどうかを確認させていただきたいと思いました。	Since I have not heard back from you, I wanted to know if you received the e-mail I sent.
	132	価格に関して、質問がございます。	I have a question regarding price.
	132	〜には何か理由があるのでしょうか。	Is there a reason why 〜?
	208	話ができるように部屋を取っても構いませんか。	Would you mind if I reserved a room so we could talk?
	218	期限の延長は可能でしょうか。	Do you think I could get an extension?
	224	〜についていくつか質問があります。	I have a few questions about 〜.

349

確認する・質問する	230	ご都合のよい日時がおありかどうかお知らせください。	Please let me know if you have a time and day that would work for you.
	304	推薦者としてあなたのお名前が挙げられておりました。	Your name was provided as a reference.
	304	そちらで勤務されていた頃、ニシさんはどのような社員であったか、お手数ですがお教え願えませんでしょうか。	Would you mind taking the time to tell us what kind of worker Ms. Nishi was during her time of employment with you?
	304	〜として、彼女をご推薦なさいますでしょうか。	Would you recommend her as 〜?
感謝する・お礼を言う	34	メールをくれて本当にありがとう！	So good of you to write me!
	46	誘ってくれてありがとう。	Thanks for the invite.
	54	まずはご報告と、みなさん一人一人に、ずっと支えてきてくれたことへのお礼を申し上げます。	For now, I just wanted to make the announcement and thank each and every one of you for your support along the way.
	74	温かいお言葉をどうもありがとう。	Thank you so much for your kind words.
	74	〜を助けてくれたのは、あなたのような友達の支えです。	It's the support of friends like you that has helped 〜.
	74	あなたにお電話をして直接お礼を言いたかったのです。	I wanted to call you and thank you personally.
	74	全てが落ち着いたら	once everything calms down
	76	お時間を割いてわざわざお送りいただき、本当に感謝しています。	I really appreciate you taking the time to send that to me.
	76	言葉にできないほど感謝しています。	I can't thank you enough.
	78	〜の送別会に招いていただいてありがとう。	Thanks for inviting me to 〜's farewell party.
	104	恩に着ます。	I would be in your debt.
	104	必ずこのお礼はします。	I promise to make it up to you.
	116	お時間をいただき、ありがとうございます。	Thank you for your time.
	118	お時間を割いてご連絡していただき、ありがとうございます。	Thank you for taking the time to contact us.

122	資料をお送りいただき、重ねてお礼申し上げます。	Thanks again for sending us the materials.
126	貴社の宣伝用Tシャツご注文のご連絡をいただき、ありがとうございます。	Thank you for contacting us about ordering promotional T-shirts for your company.
136	いつも変わらぬご愛顧を賜りまして、ありがとうございます。	We thank you for your continued patronage.
140	商品説明を明確にしていただき、ありがとうございました。	Thank you for clarifying the item descriptions.
150	お取引いただきまして、重ねて感謝申し上げます。	Thank you again for letting us be your business partner.
152	迅速な配送と私のあらゆる質問にお答えいただいたことに、とても感謝しております。	Thank you very much for your speedy delivery and for answering all my questions.
182	貴社のご愛顧は弊社にとって大切でございます。	Your patronage is important to us.
206	昨日はわざわざお会いしていただきまして、ありがとうございました。	Thank you for taking the time to meet with me yesterday.
232	会合のお時間をもうけていただき、ありがとうございます。	Thank you for setting time aside to meet with us.
240	空港に迎えに来てくださり、またホテルまで送っていただきまして、ありがたい限りでした。	We appreciated your picking us up at the airport and taking us to our hotel.
240	ご親切なおもてなしに、お礼の申しようもございません。	We can't thank you enough for your hospitality.
240	ご親切のお返しをさせていただきます。	I can repay some of the kindness you showed us.
262	一緒に取り組んだ全てのプロジェクトでお世話になり、感謝申し上げます。	I would like to thank you for your support on every project we worked on together.
290	エネルギー目標達成のためのご協力に感謝いたします。	We are grateful for you cooperation in helping us meet our energy goals.
294	あなたのような献身的な方とお仕事ができて幸いでした。	It has been a pleasure to work with someone as dedicated as you.

感謝する・お礼を言う	296	お心のこもったお言葉ありがとうございます。	Thank you for the kind words.
	296	多くのことを一緒に成し遂げましたね。	We accomplished a lot together.
	306	～は我が社の多くの重要なプロジェクトを企画することに尽力してくれておりました。	~ was instrumental in organizing a number of key projects for us.
季節の挨拶	76	お正月に	during New Year's
	106	メリークリスマス！	I wanted to wish you a merry Christmas!
	106	よいお年をお迎えください！	Have a happy New Year!
	292	この一年間	over the past year
キャンセル・断る	138	ご注文の数量を考慮に入れたとしても、割引のご提供はできません。	Even given the volume of your order, we cannot offer you a discount.
	154	しかしながら、海外に発送される商品につきましては、送料無料が適用されません。	Items shipped overseas, however, will not be eligible for free shipping.
	198	残念ながら、その日は、出張で遠方に行っております。	Unfortunately, I will be out of town that day on business.
	202	本当に申し訳ございませんが、4月3日のお約束をキャンセルしなければなりません。	I'm terribly sorry, but I need to cancel our appointment for April 3.
	202	突然のキャンセルをお詫び申し上げます。近いうちにお目にかかれることを願っております。	I apologize for the sudden cancellation, but I hope we can get together in the near future.
	256	出席することができません。	I won't be able to attend.
	310	次の審査へのご参加をお願いすることはできません。	We will not be asking you to participate in the next stage.
誘う・招待する	42	Eメールでやりとりをする代わりに、直接会って積もる話をするっていうのはどう？	Instead of going back and forth with the e-mails, why don't we catch up face-to-face?
	42	とにかく、いつがよいか知らせてね。	Anyway, let me know when's good for you.
	44	私たちの何人かで夕食にそこへ行こうと考えているの。	Some of us are thinking of going there for dinner.

	46	カールとジュリーも一緒に行きたいかどうか声をかけてみます。	I'll talk to Carl and Julie and see if they want to come, too.
	52	時間があるときにでも、~	When you have some time,
自己紹介	112	私は、~の設立者であり製品開発所長です。	I am the founder and lead product developer for ~.
	112	私は、実験室で働く者たちが直面している最も大きな課題、~を解決するために、会社を設立いたしました。	I founded the company in order to solve the biggest challenge facing lab workers: ~.
	112	全ての実験室用備品が現実の使用状況下で、立案され検証されます	All our lab equipment is designed and tested under real work conditions.
	112	我が社の製品は、~から好ましい評価をいただいております。	Our products have been favorably reviewed by ~.
謝罪する	32	~ことをお詫びします。	I apologize that ~.
	36	私も連絡できなかったことをお詫びします。	I too apologize for not being able to get in touch.
	40	すぐにお返事が書けなくて本当にごめんなさい!	So sorry for not writing you back right away!
	48	本当に申し訳ないんだけど、行けそうにありません。	I'm really sorry, but I won't be able to make it.
	54	一斉メールをお詫びいたします。	I apologize for the mass e-mail.
	80	もっと早くにお返事をしなかったことを心よりお詫びします。	My sincerest apologies for not replying to you sooner.
	82	私が君に言ったことを謝りたいです。	I want to apologize for what I said to you.
	82	それは不適当なことであって、言ったことを後悔しました。	It was out of place, and I regretted saying it.
	82	君を不愉快な気持ちにさせるつもりはありませんでした。	I had no intention of making you feel uncomfortable.
	82	二度とこのようなことはしません。	It will never happen again.
	84	あなたとトムの間に誤解を生じさせてしまい、本当にごめんなさい。	I'm so sorry for the misunderstanding I caused between you and Tom.
	84	私は注意して言葉を選びませんでした。	I didn't choose my words carefully.

謝罪する	84	今度会ったとき、あなたに償いをすることをお約束します。	I promise to make it up to you next time we meet.
	96	ご迷惑をおかけして申し訳ございません。	I apologize for any inconvenience.
	102	再送をお願いして申し訳ございません。	Sorry for asking you to resend.
	146	このような土壇場でのメールをお詫び申し上げます。	I apologize for the last-minute nature of this e-mail.
	146	突然のお取り消し	the sudden cancelation
	148	ご注文の商品を配達できないことをお詫びいたします。	We apologize for not being able to fill your order.
	178	ご注文の商品の発送が遅れましたことを深くお詫び申し上げます。	I sincerely apologize for the delay in shipping your order.
	178	このことによりご迷惑をおかけしまして、本当に申し訳ございません。	I'm terribly sorry for any inconvenience this has caused you.
	180	ご注文とは違う商品を送ってしまい、本当に申し訳ございません。	I am terribly sorry that we sent the wrong items in your order.
	180	お手続きの間、ご辛抱いただきますようお願い申し上げます。	Thank you very much for your patience while we deal with the matter.
	182	会社を代表いたしまして、〜についてのお詫びを申し上げます。	On behalf of our entire company, I want to apologize for 〜.
	184	弊社はそのサービスとして高額な請求をしておりました	We did overcharge you for our services.
	188	当方が機器のサイズを勘違いしておりました。	We miscalculated the size of our equipment.
	212	申し訳ございませんが、配達の予定でいくつかのミスを犯してしまいました。	I'm sorry to say, but I made a few errors in the schedule for deliveries.
	212	私が数量を勘違いしてしまい、〜。	I miscalculated the amount 〜.
	222	申し訳ないですが、〜し終えていません。	I'm sorry I haven't finished 〜.
知らせる・連絡する	32	近況	what you've been up to lately
	34	私は、〜で働き始めました。	I just started working for 〜.

34	～を担当しています。	I'm in charge of ～.
36	～に追われていました。	I've been busy ～.
36	おまけに、両親は～ことに決めました。	To top it off, my parents decided to ～.
36	～実に大変な仕事なんです。	～ has been a chore and a half.
38	5月16日に卒業します。	I'll be graduating on May 16.
40	私は、～として働いている。	I'm working as ～.
50	ポールと私は、遂に結婚式の日取りを決めました！	Paul and I have finally set a date for our wedding!
50	5月5日の土曜日、～にて執り行われます。	It's going to be on Saturday May 5th at ～.
50	～それから、正式な招待状を郵送します。	～, then I'll mail out the real invitations.
54	件名からおそらく察しがついたと思いますが～。	As you can probably guess from the subject line ～.
54	2人とも年内に結婚したいと思っています。	We both want to be married before the year is out.
58	～が、かわいらしくて健康な男の子を出産しました。	～ gave birth to a beautiful and healthy baby boy.
58	ピーターが託児所に行けるようになるまで、ポーリンは、彼の世話のために産休を取ります。	Pauline will be taking maternity leave so she can take care of Peter until he's ready for daycare.
58	私は幸せであり、初めて父親となったことを誇りに思います。	I'm happy and proud to be a first-time dad.
60	これから数週間は	for the next couple of weeks
64	大学を卒業するの！	I'm going to graduate college!
64	卒業に必要な履修単位が全て揃っているという確認書をもらったばかりなの。	I just received confirmation that I have all the credits I need for graduation.
64	卒業式は～です。	The ceremony is on ～.
66	私が正真正銘、被雇用者の一員となります。	I'm going to be an honest-to-goodness member of the workforce.
66	～に就職しました。	I got the job in ～.

知らせる・連絡する	70	足は良くなってきています。	The leg is doing better.
	70	あと数日間家にいれば、〜。	Just a few more days at home and then 〜.
	80	すっかり忘れてしまっていました。	It completely slipped my mind.
	96	このEメールアドレスをもう使用しなくなります。	I will no longer be using this e-mail address.
	96	このアドレスは完全に停止されてしまいます。	This address will be completely phased out.
	98	君からのこの前のEメールの本文は、文字化けしていました。	The text in your last e-mail came out garbled.
	100	私の携帯電話上では、その添付ファイルを開けることができませんでした。	I wasn't able to open the attached file on my phone.
	102	図らずもあなたからのメッセージを消去してしまいました。	I accidentally deleted your message.
	102	私の記録用として	for my records
	106	来月戻ったときに	when I get back next month
	108	〜の携帯電話番号が新しくなったことをお知らせいたします。	I wanted to let you know that I have a new cell phone number for 〜.
	108	私の連絡先は090-1234-5678となります。	I can be reached at 090-1234-5678.
	108	以前の番号はもう使用しません。	The previous number is no longer in use.
	110	次の金曜日から、私の郵送先住所が変更することをお知らせします。	I just wanted to let you know that coming next Friday my mailing address will be 〜.
	110	この変更にご留意ください。	Please be aware of the change.
	120	ご都合がつき次第	at your earliest convenience
	130	工場からの輸送費用を削減する方法を見つける	find ways to reduce your export costs from your factory
	146	今後、お取引のさらなる機会があることを願っております。	I hope that there will be more opportunities for us to do business in the future.

148	残念ながら、その商品はこの先も入荷いたしませんので、それについてはご注文を配送することができないことをお知らせ致します。	We regret to inform you that the item is permanently out of stock, and, as such, we cannot fill your order.
148	下記のところから、その製品の情報に関するリンクを見つけられます。	You'll find links to the product information below.
150	ご注文品を発送しましたことをお伝えいたします。	We are pleased to inform you that your order has shipped.
150	7営業日以内に配達される予定です。	It is scheduled to arrive in seven business days.
150	商品が届いたときにお知らせいただくご心配はいりません。	You don't have to worry about letting me know when it arrives.
154	～は、海外への発送が可能です。	～ can be shipped overseas.
154	～の一覧を添付しておりますので、どうぞご覧ください。	Please view the attachment listing ～.
154	ご覧のとおり、私どもは、価格と発送時間に関して多くの選択肢をご提示させていただいております。	As you can see, we can offer you a variety of options in terms of pricing and shipping time.
156	海外への送金の方法	options for transferring money overseas
156	私どもは、多数の金融機関へのご利用をご提供させていただいております。	We offer access to a large number of financial institutions.
156	海外送金の場合は、少額の手数料がかかります。	In the case of an overseas remittance, a small fee will be charged.
156	～について、いつでも喜んでご説明させていただきます。	I would be happy to explain to you ～ at any time.
158	下記の口座に	to the following account
158	口座名義	Account holder
158	口座番号	Account number
158	銀行名	Bank name
158	支店名	Branch name
158	ご都合がつき次第、お支払いをご送金くだされば、ご注文を発送いたします。	Please remit the payment at your earliest convenience and we will ship your order.

知らせる・連絡する	164	ご指定された口座へ〜を入金いたしました。	We have deposited 〜 in the account you specified.
	164	振替は2日以内に清算されるはずです。	The transfer should clear in a couple of days.
	166	指定金額が弊社の口座に入金されたと、銀行から通知がありました。	Our bank notified us that the specified amount was credited to our account.
	170	本日、発送品を受け取りました。	We received the shipment today.
	176	提供していただいた各サービスの料金内訳が添えられた10月3日の請求書を受けとりました。	We received your invoice for Oct. 3 with the breakdown of the costs for each service provided.
	176	見積もりによりますと、	According to the estimate,
	178	私が個人的に、〜ように取り計らいをさせていただきました。	I personally saw to it that 〜.
	184	金額が訂正された最新の請求書が添付されているのをご確認ください。	Please find an updated invoice with the corrected price attached.
	200	本日この後にご案内をお送りいたします。	I'll send you an invite later today.
	200	アカウント名は〜。	The account name is 〜.
	200	カメラ付きのコンピュータを必ずお使いください。	Be sure to use a computer with a camera.
	200	何かお困りのことがございましたら、私にメールをお送りください。私の方で対処させていただきます。	If you have any problems, just send me an e-mail and I'll see what I can do.
	200	〜ようお願いをしております。	I've taken the liberty of asking 〜.
	208	チームの管理について、あなたと話し合わなければならない問題があります。	I have an issue to discuss with you related to the management of the team.
	210	悪い知らせがあります。	I have some bad news.
	210	我々が注文した部品の発送が遅れる。	There will be a delay in shipping the parts we ordered.

210	このことは、我々の実施計画に影響を及ぼしますので、約束した日時に計画を終えられないかもしれません。	This will affect our timetable, and we may not finish the project on time as promised.
212	期日の変更なしで	with no change in the due date
220	～から数日経ちます。	It's been a few days since ～.
222	～に泊りがけで出かけなければなりません。	I have to make an overnight trip ～.
224	電話をしたのですが、～。	I just gave you a call, but ～.
226	感想を述べるのにスカイプ通話をしたいと思っております。	we'd like to have a Skype call to give you feedback.
226	私のスカイプアカウント名は～。	My Skype account name is ～.
228	私のコンピュータがウィルスに感染していて、私が送った最新のメールにあなたにウィルスを運んだかもしれません。	My computer is infected with a virus, and the last e-mail I sent might have passed it on to you.
228	あなたにメールを送った後まで、そのことに気づきませんでした。	I wasn't aware of it until after I mailed you.
228	～お知らせします。	I'll let you know ～.
230	仕事でロサンゼルスへ参ります。	I will be visiting Los Angeles on business.
232	我が社の東京支社の担当者と会う予定です。	We will be meeting with a representative from our Tokyo affiliate.
246	会議は、もとの日時から～に変更されました。	The meeting has been moved from its original time to ～.
246	皆のカレンダーに通知を送ります。	I will send a notification to your calendars.
248	ヘラクレス・タイヤは、今年の上海モーターショーで、展示ブースを設けます。	Hercules Tires will be exhibiting a booth at this year's Shanghai Motor Show.
248	場所は、～になります。	We will be located in ～.
248	当社製品全ての展示とビデオ紹介をいたします。	We will have exhibits and video presentations for all our products.
248	ハイライトは、生のプレゼンです。	The highlight will be a live presentation.

359

知らせる・連絡する	248	今年のショーは、これまでで最大で最高のものになりそうです。	This year's show promises to be the biggest and best one yet.
	250	～は全株主対象の年次総会を開催することをお知らせ致します。	～ is pleased to announce that its annual meeting for all shareholders will be held.
	250	添付したファイルには地図と総会の議題が入っております。	The attached file contains a map and agenda for the meeting.
	250	ご出席前に議題をご覧ください。	Please review the agenda before attending.
	250	総会では、新しい取締役会を選出する投票も行われます。	During the meeting a vote will be held to elect a new board of directors.
	250	全業績報告と立候補者の人物紹介は～。	The full performance report and profile summaries for the candidates will ～.
	250	これからの展望	our vision for the future
	252	皆さんもご存じのように、リードは東京に引っ越すため、今月末にいなくなってしまいます。	As you're all aware, Reed will be leaving us the end of this month to move to Tokyo.
	252	～で、彼へのお別れパーティーを開きたいと思います。	We'd like to throw him a going-away party at ～.
	258	東京本社を東京の中心部へと移します	will move its Tokyo headquarters to a central location in Tokyo
	258	新しい連絡先は、次の通りです。	Our new contact information is ～.
	258	会社の全てのEメールアドレスや携帯番号には、変更ございません。	All company e-mail addresses and cell phone numbers will remain unchanged.
	258	引き続きお取引いただきますようお願い申し上げます。	We look forward to our continued business partnership.
	260	韓国のプサンに新しく支社を開く	open a new branch office in Pusan, Korea
	260	～との取引の大半を扱う	handle the majority of transactions with ～
	262	7月末にロンドン支社へと異動いたします。	I will be moving to our London offices at the end of July.

262	ミシェル・バーチが、当社の日本での業務を引き継ぎます。	Michelle Birch will be taking over our Japan account.
264	2016年会計年度末に、AP株式会社と合併する予定であることをお知らせいたします。	is pleased to announce its plans to merge with AP Corp at the end of fiscal 2016.
264	両会社は〜という新しい社名のもと、再上場致します。	Both companies will be relisted under the new name of 〜.
264	弊社は新しい社名での活動開始を強く願っております。	We are eager to begin operations under our new name.
266	お得意様各位	To Our Valued Customers:
266	〜は、8月3日から24日まで、本社の改装工事を致します。	〜 will be renovating its headquarters from August 3rd-24th.
266	会社の方は閉鎖され、8月25日まで入っていただくことはできません。	Our offices will be closed and will not be open to visitors until 25th August.
268	お客様各位	To All Our Customers:
268	4月1日より、弊社の営業時間は新しくなります。	We will have new business hours starting on April 1.
268	新しい営業時間がよりご利用しやすいと思っていただけることを願っております。	We hope that you will find the new hours more accommodating.
272	ロサンゼルスへの出張のため、オフィスを留守にします。	I will be out of the office on a business trip to Los Angeles.
272	レスポンスタイムは遅くなるかもしれません。	My response time may be slow.
272	もしも至急のご用件がございましたら、	If you should have any urgent matters,
274	来週付で、私が貴社の業務をフジタに代って担当させていただきます。	As of next week I will be taking over your account for Mr. Fujita.
274	できるだけ円滑に引き継ぎをしますことをお約束いたします。	I promise to make the transition as smooth as possible.
276	来る4月1日からの増税にともない、我が社の製品とサービスの総額に変更が生じます。	The upcoming tax increase on April 1 will affect the total price of our products and services.
276	添付しております〜の書類をご覧ください。	Please view the attached document for 〜.

知らせる・連絡する	278	世界的な市場調査データベースを南アメリカや東アジアの市場を含むものへと拡張しましたこと	the expansion of our world-class market research database to include South American and East Asian markets
	278	月々の手数料は変わらず	For the same monthly fee
	278	ビジネスを拡大するおつもりであれば、	If you're looking to expand your business,
	278	もしもご利用の期限が切れたままでしたら、この機会にもう一度ご加入を！	If you've let your subscription lapse, this is the time to rejoin us!
	280	本通知は、来たる6月1日、〜のセキュリティー更新が終了することを皆様に前もってお知らせするものです。	This notice is to alert you that come June 1 we will no longer be providing security updates for 〜.
	280	我々は変化し続ける要求にお応えできるよう努力してまいりました。	We have endeavored to meet your changing needs.
	280	コンピュータご利用のためには、〜にグレードアップすることをお勧めいたします。	We encourage you to upgrade to 〜 for all your computing needs.
	282	10月1日より、私どもは〜を期間限定セールを開催いたします。	Starting October 1, we will be holding a limitedtime sale on 〜.
	282	〜は、送料無料となります。	〜 will receive free shipping.
	284	〜は、ウェブサイトをリニューアルしたことをお知らせします。	〜 is pleased to announce our redesigned website.
	284	新しい特徴には、次のようなものがございます。	Some new features include 〜.
	284	〜を見てください！	Come check out 〜!
	286	サーバーメンテナンスを行います。	We will be performing maintenance service on the servers.
	286	サーバーは、正常に作動するようになります。	The servers will be running normally.
	290	エネルギー消費に関する政府の新しいガイドラインに従い、	In order to comply with the government's new guidelines on energy consumption,
	290	以下の方針が実施されます。	The following policies will go into effect.

	290	27℃より低く	below 27 degree Celsius
	292	私は5月31日に〜を退職いたします。	I will be leaving 〜 on May 31.
	298	〜に応募いたします。	I am applying for 〜.
	298	履歴書にありますように、	As my résumé shows,
	298	私の技術と経験を、活かしたいと思っております。	I would like to put my skills and experience to use.
	298	お早めにお返事をいただけることを願っております。	I look forward to hearing from you soon.
	300	この返信は、履歴書が届き、現在検討させていただいていることをお知らせするものです。	This reply is to let you know that your résumé was received and is being reviewed.
	300	この第一審査を通過されれば、	If you are successful in this first round,
	302	第一次選考を合格されたことをお知らせいたします。	We are pleased to inform you that you have passed the first round of screening.
	308	我が社の選考課程の最終審査に合格された。	You have passed the final stage of our screening process.
	308	〜として採用させていただきたいと思います。	We would like to offer you the position as 〜.
	308	その職の詳細に関して	regarding specifics about the position
	310	多数の志願者から応募をいただきました。	We received applications from a number of candidates.
提案する	78	もし、計画や準備にお手伝いが必要であれば、	If you need any help with planning or setting up,
	78	贈り物の案は何かあるの？	Are there any plans for a gift?
	80	引っ越しの荷造りのお手伝いにそちらへ行きますよ。	I will be around to help you pack up things for your move.
	88	お手伝いが必要なら知らせてね。	Let me know if you need any help.
	90	君に警告しときたいんだけど、〜。	I just wanted to warn you that 〜.
	90	僕が君だったら、とにかく何かをすぐにやろうとするだろうな。	If I were you, I would try to put something together immediately.

提案する	92	何でも必要なことがあれば、忘れずに私に知らせてね。	Remember to let me know if you need anything.
	100	万一私の方でさらなる問題があれば	should I have any further problems
	108	いつでもお気軽にご連絡ください。	Please feel free to contact me at any time.
	128	もしも類似のモデルをご所望であれば、〜をお勧めいたします。	If you would like a similar model, I would recommend 〜.
	128	いかなるご注文でも30台以上であれば、お値引きをさせていただきます。	We can still apply a discount to any orders of at least 30 units.
	130	もしも価格を引き下げるなら、日本における貴社の製品はよりお買い得なものとなる。	Your product would find more competitiveness in Japan if you were to reduce your pricing.
	130	その件に関しまして、喜んでできる限りのアドバイスをさせていただきます。	We will be happy to provide any advice we can on the matter.
	180	本来ご注文しておられた商品を必ずお送りさせていただきます。	I promise to send out the items you originally ordered.
	182	お取り替えの商品を無料でお送りさせてください。	Please allow me to send you replacements at no cost to you.
	182	送料を弊社請求で	charging the shipping to us
	184	お気軽にご連絡ください。	Please do not hesitate to contact me.
	214	手が空いている時間を、あなたの〜のお手伝いに使うことができます。	I could use my downtime to help you with 〜.
	214	何か別のことのお手伝いも可能です。	I could also help you with something else if you like.
	214	どのようにお手伝いしたらよいかお知らせくだされば、喜んでさせていただきます。	Let me know how I can help and I'd be happy to do so.
	220	すぐに見積もりをいただければ、より手早く仕事と支払いの契約の準備ができます。	The sooner we have your estimate, the quicker we'll be able to set up a contract for work and payment.
	222	何かあれば、携帯に電話をしてください。	Call me on my cell if you need anything.

	234	彼らがいる間にマーケティングの関連事項全てについて話し合うというのはどうでしょう。	I propose discussing all marketing-related issues while they are around.
	238	道に迷ったり、困ったことになった場合は、	If you get lost or run into any problems,
	242	フライト情報を私に送ってください。そうすれば、空港に迎えに行きます。	Please send me your flight information and I'll pick you up at the airport.
	242	もしもまだであれば、〜をいくつかお勧めいたします。	If not, I have a few suggestions for 〜.
	244	それらを検討しましょう。	It's time to review them.
	254	そのイベントの準備で助けが必要ならば、	If you need any help organizing the evening,
	260	弊社プサン支社の担当者を喜んでご紹介させていただきます。	I would be happy to introduce you to representatives from our Pusan office.
	270	アジアのさまざまな所へ機器を輸送して	ship your equipment to multiple locations in Asia
	270	あなたが探しているまさにそのサービスを専門とする担当者	a representative that specializes in the exact service you're looking for
	270	もしもお望みなら、その担当者にあなたの連絡先を伝えてもらうことができますよ。	If you would like, I can give your contact information to the representative.
添付する	58	添付されているのが〜の写真です。	Attached is a picture of 〜.
	124	ビデオと、ストーリーボードを添付しております。	Attached you'll find the storyboards, as well as a video
	158	添付しております請求書は、貴社の記録用です。	The attached invoice is for your records.
	206	会合でお約束しましたように、〜のフローチャートを添付いたしました。	As promised in the meeting, I've attached a flow chart for 〜.
	224	添付したスケジュールのファイルで〜を確認していただけます。	You can see in the attached schedule file 〜.
	234	プロジェクトのスケジュール提案書を添付しました。	I've attached the project's proposed schedule.

365

はじめのあいさつ	32	しばらく〜。	It's been a while since 〜.
	32	お元気ですか。	How are things?
	32	この前お話をしたのは、〜。	The last time we spoke was 〜.
	34	毎日の生活ってこんなにも忙しくなり得るんだね。	I understand how hectic life can get.
	114	関係者の方へ	Dear Sir or Madam,
結びの挨拶	32	全て順調でありますように。	I hope everything is well with you.
	34	近いうちにまた会いましょう。	Let's get together soon.
	36	状況が落ち着き次第、またメールすることを約束します。	I promise to write again as soon as things calm down.
	40	ねえ、機会があればまた会いましょうよ。	Listen, we should meet up again if you have a chance.
	40	時間のある時に、連絡してね。	Get back to me when you have a chance.
	96	ご理解をよろしくお願いいたします。	Thank you in advance for your understanding.
	110	よろしくお願いします。	Thanks in advance.
	118	今後、お取引させていただきますよう、お待ち申し上げております。	I look forward to doing business with you in the future.
	132	よろしくお願い致します。	Thank you in advance.
	262	ご多幸をお祈り致します。	I wish you all the best.
	292	今後のご活躍とご多幸をお祈り申し上げます。	I wish you all the best of luck on your future endeavors.
クレーム関連	168	商品が、まだ届いておりません。	The items have yet to arrive.
	168	〜ができるだけすぐに必要です。	We need 〜 as soon as possible.
	168	発送を調べていただき、遅れている原因を見つけていただけますでしょうか。	Could you look into the shipment and find out what the delay is?
	170	しかしながら、発送品を開けてみますと、〜不足しておりました。	Upon opening the shipment, however, we noticed we were short 〜.
	170	このことについて調べていただき、未発送の商品をできるだけ早くお送りいただけますでしょうか。	Could you look into this matter and send us the outstanding items as soon as possible?

	172	違う商品を受け取っていたことに気づきました。	We discovered that we had received the wrong item.
	172	できるだけすぐに、正しい商品をお送りいただきたいです。	We would like you to send us the correct item as soon as possible.
	172	間違いにより受け取った商品を、どのように返品すればよいか	how you would like us to return the item we received by mistake
	174	箱自体が届いた時に、ひどく損傷しておりました。	The box itself was badly damaged when it arrived.
	174	3個が、半分に折れておりました。	We found three were broken in half.
	174	輸送中に壊れた商品を取り替えていただくことは可能でしょうか。	Would it be possible for you to replace the items that were broken in transit?
	186	彼の私の電話への対応はとても失礼で、私の用件など重要でないかのような振る舞いでした。	He was very rude in the way he handled my call, and acted as if my concern was not important.
	186	助けることのできそうな人に電話を転送する代わりに、彼は数日中に電話をかけなおすよう、私に言いました。	Instead of transferring me to someone who could help, he told me to call back in a few days.
	186	さらに、不当額請求の問題も、まだ解決されていません。	In addition, the issue of the overcharges remains unresolved.

● 監 修

宮野智靖　Tomoyasu Miyano
広島県出身。ペンシルベニア州立大学大学院スピーチ・コミュニケーション学科修士課程修了（M.A.）。現在、関西外国語大学短期大学部教授。
主要著書：『みんなの英文法マン』『ゼロからスタート英語を聞きとるトレーニングBOOK』『ネイティブ厳選 必ず使える英会話まる覚え』『この84パターンで世界中どこでも通じる英会話』（以上、Jリサーチ出版）、『TOEIC®L&Rテスト究極単語 BASIC2200』『TOEFL ITP®リスニング完全攻略』（以上、語研）、『はじめての TOEIC®L&Rテスト本番模試』（旺文社）

● 著 者

ミゲル・E・コーティ　Miguel E. Corti
米国ニュージャージー州出身。ニュージャージー大学卒業。ECC外語学院テキストライターを経て、現在（株）カプコンに勤務（ゲーム・ローカライザー）。フリーランス翻訳者、ライター、英文校閲者としても活躍中。
主要著書：『すぐに使える英会話ミニフレーズ 2500』『すぐに使える英会話超万能ミニフレーズ 300』（以上、Jリサーチ出版）、『新 TOEIC® TEST リスニング完全攻略』『新 TOEIC® TEST リーディング完全攻略』『新 TOEIC®TEST プレ受験600問』（以上、語研）

近藤千代　Chiyo Kondo
大阪府出身。同志社女子大学大学院文学研究科英文学専攻博士前期課程修了、ロンドン大学大学院英文学研究科文学文化専攻修士課程修了（M.A.）、ロンドン大学大学院ヴィクトリア朝文化専攻博士課程退学。京都産業大学、関西外国語大学、同志社大学、近畿大学での非常勤講師を経て、現在、関西外国語大学短期大学部講師。
主要著書：『新 TOEIC®テスト 730点攻略三訂版』『新 TOEIC®テスト速解！トレーニング読解』（以上、旺文社）、『ゼロからスタート英語で話そう！自分のことトレーニングBOOK』（Jリサーチ出版）

カバーデザイン	花本浩一
本文デザイン／DTP	株式会社創樹
本文イラスト	池上真澄

ビジネスで1番よく使う英語Eメール

平成28年（2016年）6月10日　初版第1刷発行
令和 2 年（2020年）3月10日　　第3刷発行

監　修	宮野智靖
著　者	ミゲル・E・コーティ／近藤千代
発行人	福田富与
発行所	有限会社Jリサーチ出版
	〒166-0002　東京都杉並区高円寺北2-29-14-705
	電話　03 (6808) 8801（代）　FAX 03 (5364) 5310
	編集部　03 (6808) 8806
	http://www.jresearch.co.jp
印刷所	株式会社シナノ パブリッシング プレス

ISBN978-4-86392-297-6　　禁無断転載。なお、乱丁・落丁はお取り替えいたします。
© 2016 Miguel E. Corti, Chiyo Kondo, All rights reserved.